Coccarde Tricolori SPECIALE

Collana monografica diretta da

3

CW01637371

Eurofighter

EF.2000 Typhoon

A mio padre

RN Publishing S.a.s.

Sommario / Contents

Coccarde Tricolori Speciale - 3

ISSN: 1828-356X
ISBN-10: 88-95011-02-3
ISBN-13: 978-88-95011-02-8

Testi – *Text*: Riccardo Niccoli
Disegni e profili a colori – *Drawings and profiles*: © Rolando Ugolini
Traduzione – *Translation into English*: Frank McMeiken

Si ringrazia per la collaborazione – *Acknowledgments*:
T.Col. Andrea Argieri, Cap. Alessandra Bandiera, M.llo 1a Classe Gabriele Brancaccio, Col. Achille Cazzaniga, Magg. Donato Colacicco, Col. Antonio Conserva, T.Col. Vito Cracas, Aldo Fassari, Gen.B.A. Salvatore Gagliano, Col. Vittorio Iannotta, T.Col. Germano Longo, Cap. Augusto Lucarelli, Col. Giuseppe Lupoli, Col. Amedeo Magnani, Alberto Mocchetti, Col. Enzo Nuzzo, M.llo 1a Classe Roberto Olla, Cap. Rolando Pellegrini, T.Col. Daniele Picco, Magg. Stefano Pietropaoli, Gen.B.A. Alberto Rosso, Magg. Alessandro Scaburri, M.llo 1a Classe Vincenzo Serpillo, Cap. Stefano Tiberi, Magg. Andrea Truppo. Enti e reparti: l'Ufficio Pubblica Informazione, il 5° Reparto, la Troupe Azzurra/CPA dello Stato Maggiore Aeronautica Militare, il personale del 4° e 36° Stormo; IX, XII e XX Gruppo. Per le forze aeree estere: gli uffici stampa di Ejercito del Aire, Luftwaffe, Osterreichs Bundesheer, Royal Air Force, Ala 11, Jagdgeschwader 74, Ueberwachungsgeschwader, n°29 (R) Squadron. Per le aziende: Alenia Aeronautica, Aerea, Avio, ASE, Elettronica, Eurofighter GmbH, Finmeccanica, Secondo Mona

Editore: **RN Publishing S.a.s. di R. Niccoli & C.**
Via Torelli 31 - 28100 Novara (NO) - Italy
Tel. & Fax. +39-0321-455108
www.rnpublishing.com

Grafica e impaginazione: Mauro Martinengo – Novara
Fotolito: Servizi Prepress – Novara
Stampa: All Graph System – Novara

© Copyright 2008 – RN Publishing S.a.s.
Tutti i diritti riservati. È vietato l'uso e la riproduzione totale o parziale dei contenuti della pubblicazione in ogni forma e con ogni mezzo senza autorizzazione scritta dell'Editore.
All rights reserved. No part of this publication may be reproduced or used in any form or by any means without written permission from the Publisher.

In copertina, *due F-2000A del 4° Stormo (foto Troupe Azzurra/Aeronautica Militare).*

PUBLICIS
60
FINMECCANICA
1948 - 2008
A legacy for the future.
The future is the question,
knowledge is the answer.
At Finmeccanica our people share a common vision:
to build a future on the strength of competence,
technology and research.
Giving greater security for everyone's tomorrow.
FINMECCANICA
Further on.

Il programma Eurofighter è una pietra miliare nella cooperazione internazionale di quattro paesi – Italia, Spagna, Gran Bretagna e Germania – concordato su specifiche, sviluppo, produzione e supporto logistico comuni. La decisione dell'Austria di scegliere l'Eurofighter, quale quinta nazione, ha sottolineato l'importanza di questo programma per l'industria, e il totale degli ordini è salito a 707 grazie all'adesione del Regno dell'Arabia Saudita, che nel 2007 ha firmato un contratto per 72 esemplari. L'Eurofighter Typhoon è quindi oggi il caccia di nuova generazione Numero Uno, e supera di gran lunga tutti i suoi concorrenti in servizio o in sviluppo.

Con prodotti di elevata tecnologia come l'Eurofighter Typhoon, l'industria aerospaziale europea può sopravvivere nell'aspra competizione globale che richiede eccezionali livelli di capacità ed esperienza. Le nazioni partecipanti si trovano così in posizione favorevole per varare ulteriori cooperazioni basate su partnership vere e aperte, che portino benefici a tutti i paesi e le industrie partecipanti. Un programma di queste dimensioni non solo stabilizza la posizione dell'Europa nella comunità internazionale, ma permette anche ai partecipanti di seguire gli obiettivi delle rispettive politiche di sicurezza, e di quelle dell'Europa tutta.

Il programa europeo non è importante solo per le industrie partner - Alenia/Finmeccanica, BAE Systems, EADS CASA e EADS Deutschland - perché più di 400 piccole e medie aziende che danno lavoro a oltre 100.000 dipendenti dipendono dal programma. Il loro futuro è legato al successo dell'Eurofighter, perché le loro specifiche capacità possono essere mantenute solo attraverso gli ordini dei Governi delle quattro nazioni partner, e dei futuri contratti di esportazione. La produzione di 148 velivoli della Tranche 1 si è conclusa nell'estate 2008. L'assemblaggio finale di 251 velivoli della Tranche 2 è in corso, e le consegne sono iniziate nell'estate 2008. Con oltre 150 velivoli consegnati, cinque paesi – Germania, Italia, Spagna, Gran Bretagna e Austria – impiegano l'Eurofighter Typhoon. Le flotte delle forze aeree e delle industrie hanno superato il traguardo delle 50.000 ore nell'estate 2008. In più, numerosi rischieramenti a lungo raggio stanno confermando le capacità dell'Eurofighter nell'ambito internazionale.

L'Eurofighter Typhoon è il Numero Uno nelle prestazioni quando si parla di superiorità aerea e di multiruolo. Le intrinseche caratteristiche progettuali di questo caccia di nuova generazione garantiscono la superiorità aerea, evidente requisito della moderna guerra aerea. La combinazione unica di sensori, sistemi e armamenti garantisce un eccezionale standard nelle prestazioni.

All'apice della produzione, l'Eurofighter garantirà circa 100.000 posti di lavoro. Le professionalità associate a questi posti sono rilevanti in tutto lo spettro delle capacità tecnologiche, e sono un fattore chiave per sviluppare sia il potenziale nazionale sia quello europeo oltre il periodo di vita del programma. Alcuni dei più complessi elementi tecnologici chiave che sono stati incorporati nel sistema d'arma Eurofighter rappresentano una vera capacità globale per la nostra industria. Sotto molti aspetti, il piano tecnologico e industriale che sostiene il programma Eurofighter ha il potenziale di promuovere anche lo sviluppo delle abilità professionali per molte delle persone che partecipano al programma.

Il programma Eurofighter Typhoon rappresenta una conquista storica per la comunità industriale e della Difesa in Europa. Esso racchiude i migliori principi e conquiste dei Governi partner, delle forze aeree e delle industrie.

In essenza, l'Eurofighter Typhoon è oggi entrato nel pieno della sua vita operativa, in servizio con le quattro nazioni partner e con l'Austria. Come tale, i suoi effetti sulla sicurezza, le capacità operative e il potenziale industriale sono appena iniziati.

Aloysius Rauen
CEO Eurofighter GmbH

The Eurofighter programme is a cornerstone of international cooperation with four nations – Italy, Spain, United Kingdom and Germany - having agreed upon common specifications, development, production and logistic in-service support. Austria's decision to opt for Eurofighter as the fifth nation underlined the importance of this programme for industry and the order book increased to 707 after the Kingdom of Saudi Arabia's 2007 signature for 72 aircraft. Thus Eurofighter Typhoon is the Number One Next Generation Fighter aircraft today, clearly surpassing all competitors already in service or in development.

With high tech products like the Eurofighter Typhoon, Europe's aerospace industry can survive in the fierce global competition that requires outstanding expertise and experience. Thus, the nations are in a favourable position for further international cooperation based on a true and open partnership, with benefits for all involved, nations and industries. A programme of this size not only stabilizes Europe's position in the international community, it also enables the nations to follow their, and Europe's, objectives in security policy.

The Eurofighter programme is not only important for the partner companies involved, Alenia/Finmeccanica, BAE Systems, EADS CASA and EADS Deutschland, as more than 400 small and medium sized companies employing over 100,000 employees in total also depend on the programme. Their future is linked to the success of the Eurofighter because their specific expertise can only be maintained through government orders of the core nations and further export contracts.

The production of 148 aircraft of Tranche 1 was concluded in Summer 2008. Final Assembly of 251 Tranche 2 aircraft is under way and deliveries began during Summer 2008. With more than 150 aircraft delivered, five nations i.e. Germany, Italy, Spain, the United Kingdom and Austria operate Eurofighter Typhoon. The fleets in the air forces and in industry surpassed the 50,000 flying hours milestone in Summer 2008. Also numerous long range deployments are proving Eurofighter's capabilities in the international environment.

Eurofighter Typhoon is the Number One in performance when it comes to air superiority and multi-role. The inherent design features of this newest generation fighter guarantee air superiority as the clear requisite for modern air warfare. The unique combination of sensors, air vehicle and weapons leads to an exceptional performance standard.

At peak production Eurofighter will support some 100,000 jobs. The skills associated with these jobs are relevant across the entire technology spectrum and provide a key driver for enhancing both national and European industrial potential stretching beyond the life of the programme. Some of the most complex key technology elements that have been embodied in the Eurofighter Weapon System represent a truly global capability for our industry. In many respects the technology and industrial plan supporting the Eurofighter programme has the potential to promote building skills for life among the many people who will participate in the programme.

The Eurofighter Typhoon programme represents a historic achievement for the European defence and aerospace community. It encompasses the finest principles and achievements of partner Governments, Air Forces and Industry. In essence, Eurofighter Typhoon is now fully in its operational life – in Service in the four partner nations and Austria. As such, its impact on our Security, Operational Capability and Industrial Potential has only just begun.

ALOYSIUS RAUEN
CEO Eurofighter GmbH

Il programma Eurofighter

Le origini del programma Eurofighter possono essere fatte risalire sino al 1970, quando lo Stato Maggiore della Royal Air Force (RAF) emise un Air Staff Target per l'individuazione di un velivolo da attacco a decollo corto e atterraggio verticale (STOVL) destinato a sostituire gli Harrier e i Jaguar in servizio presso le basi in Germania. Nel 1972 questo requisito venne modificato (sulle basi delle esperienze scaturite dalla guerra del Vietnam) comprendendo anche delle capacità aria-aria, in modo da poter sostituire anche gli F-4 Phantom. Gli inglesi cercarono di coinvolgere nel progetto anche i tedeschi e i francesi, ma le necessità delle varie forze aeree erano differenti. Tuttavia, nel 1979 le tre nazioni riuscirono a trovare un compromesso accettabile, e lanciarono uno studio comune della durata di due anni, l'European Combat Fighter (ECF). Le industrie coinvolte presentarono quattro diversi progetti, i P.106 e P.110 della British Aerospace, il TKF-90 della MBB e l'ACX della Dassault, ma le loro caratteristiche e impostazioni di base erano così distanti che il programma si arenò. Il programma Agile Combat Aircraft studiato da Gran Bretagna, Germania e Italia (i tre partner del consorzio Panavia) non ebbe miglior destino.

Nel maggio 1983 il governo britannico decise di avviare il progetto Experimental Aircraft Programme (EAP) per la realizzazione di un dimostratore tecnologico di un futuro caccia, firmando con British Aerospace un contratto da 80 milioni di sterline. Altri fondi furono forniti dalle aziende Panavia: British Aerospace, MBB e Aeritalia. Nello stesso anno fu finalmente lanciato da Gran Bretagna, Germania, Francia, Spagna e Italia il programma Future European Fighter Aircraft (FEFA).

L'EAP fu presentato nell'ottobre 1985, e le sue linee costruttive e aerodinamiche mostravano un taglio netto con il passato. Il velivolo aveva un'ampia ala a delta, superfici canard anteriori, prese d'aria scatolate poste sotto il muso ed era monoposto. Pur trattandosi di un prototipo di ricerca, presentava già nel complesso le soluzioni aerodinamiche del futuro Eurofighter. Una parte importante del programma EAP, le sperimentazioni dei comandi di volo Fly-by-Wire, fu condotta sfruttando anche un velivolo Jaguar modificato dalla British Aerospace in ACT (Active Control Technologies) e un F-104G

In apertura, *formazione dei prototipi DA1, DA2 e DA4 realizzata in occasione del salone aeronautico di Farnborough 2003.* (Eurofighter)
Nella pagina a fianco, *l'EAP (matricola ZF534) fu il progenitore dell'attuale Typhoon, e volò per la prima volta l'8 agosto 1986.* (BAE Systems)

Above, *formation of prototypes DA1, DA2 and DA4 arranged on occasion of the Farnborough 2003 air salon.*
In the other page, *the EAP (serial ZF534) was the ancestor of the Typhoon, and flew for the first time on August 8, 1986.*

The Eurofighter programme

The origins of the Eurofighter programme can be traced back to 1970, when the Air Staff of the Royal Air Force (RAF) issued an Air Staff Target for the identification of a short take-off and vertical landing attack aircraft (STOVL) intended to replace the Harrier and Jaguar in service with RAF Germany. In 1972 this requisite was modified (on the basis of the experiences gathered during the Vietnam War) to include an air-to-air capability in order to replace also the F-4 Phantom. The British attempted to involve the French and Germans in the project, but it was found that all three nations had differing requirements. Nevertheless, in 1979 the three nations managed to reach an acceptable compromise, and launched a common study which lasted two years, the European Combat Fighter (ECF). The manufacturers involved produced four alternative projects, the P.106 and P.110 from British Aerospace, the TKF-90 from MBB, and the ACX from Dassault, but their characteristics and basic concepts were so different that the programme was abandoned. The Agile Combat Aircraft (ACA) project, studied by Great Britain, Germany and Italy (the three partners of the Panavia consortium) did not have better fortune.

In May 1983 the British Government decided to establish the Experimental Aircraft Programme (EAP) aimed at producing a technology demonstrator for a future fighter, and signed an 80 million pounds contract with British Aerospace. Other funding was provided by Panavia, British Aerospace, MBB and Aeritalia. In the same year Great Britain, Germany, France, Spain and Italy finally launched the Future European Fighter Aircraft (FEFA) programme.

The EAP was presented in October 1985, and its aerodynamic and structural formulas were a marked departure from the past. The aircraft featured a broad delta wing, forward canard surfaces, a box air intake located under the nose, and single-seat configuration. Although solely a technology demonstrator, the prototype already featured some of the aerodynamic solutions of the future Eurofighter. An important part of the EAP programme, the trials of the Fly-by-Wire controls, was conducted using a Jaguar modified by British Aerospace into an ACT (Active Control Technologies) platform and an F-104G transformed by MBB into a CCV (Configuration Controlled Vehicle). The EAP made its first flight on August 8, 1986. In the meantime, in July 1985, France – which had unsuccessfully requested design leadership and a 50% allocation of production – had abandoned the FEFA to give life to the entirely national ACX project, which later became the Rafale. However, the remaining four nations were able to reach an agreement and in June 1986 the Eurofighter GmbH – based in Munich – was created, with participation from British Aerospace (33%), MBB (33%), Aeritalia (21%) and CASA (13%). The subdivision of the production shares were exactly the same, calculated on the basis of the predicted orders from each of the four participating nations, which were 250 each for Great Britain and Germany, 165 for Italy, and 100 for Spain, a total of 765 aircraft.

An international consortium was also created to develop the new engine for the aircraft. In August 1986, also in Munich, Eurojet Turbo GmbH was formed, with participation from Rolls-Royce, MTU-Munchen, Fiat Aviazione and Sener, holding the identical share distribution as the Eurofighter consortium.

In September 1987 the final specifications for the aircraft were issued by the General Staffs of the four air forces, while on November 23, 1988 the principal contracts were signed covering the development of the weapon system and engine. Construction of the first of eight prototypes (identified as P01to P08, plus two static test airframes) was launched at the end of 1989. Series production was planned to commence in 1993 with each of the four nations hosting its own assembly line, while the manufacture of the individual components would be sub-divided on the basis of the existing division of the work shares. The entire process would be controlled by an international agency, the NEFMA (NATO European Fighter Management Agency). Service debut was scheduled for 1996.

The crisis in the Soviet Union and the end of the Warsaw Pact characterised the passage between the eighties and

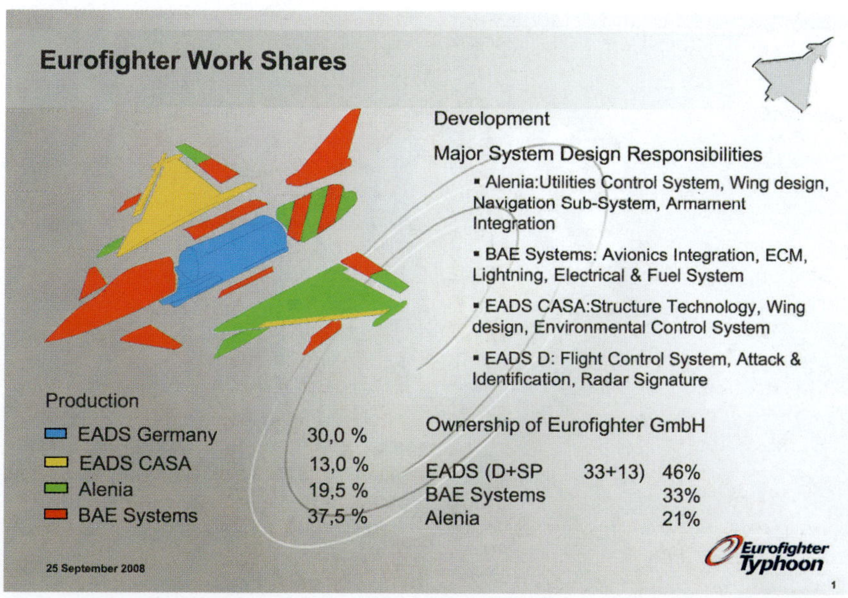

A sinistra, *il primo prototipo a volare, il 27 marzo 1994, fu il DA1, qui ripreso con i definitivi motori EJ200.* (Eurofighter)
Al centro, *l'IPA3 di EADS Germany ripreso in volo durante prove di flutter in configurazione pesante.* (Eurofighter)
In basso, *il primo prototipo italiano, DA3, con la caratteristica sonda anemometrica di test sul muso, ripreso durante la Manifestazione aerea di Grosseto, nel settembre 1999.* (R. Niccoli)

Left, *the first prototype to fly (on March 27, 1994) was the DA1, here equipped with the final EJ200 engines.* Middle, *the IPA3 of EADS Germany taken during flutter tests in heavy configuration.* Below, *the first Italian prototype, DA3, with the typical test probe on the radome, taken during the Grosseto air show, in September 1999.*

trasformato dalla MBB in CCV (Configuration Controlled Vehicle). L'EAP effettuò il primo volo l'8 agosto 1986. Nel frattempo, nel luglio 1985 la Francia – che aveva richiesto invano la guida della progettazione e il 50% delle quote di produzione – aveva abbandonato il FEFA per dare vita al progetto interamente nazionale ACX, divenuto poi Rafale. I restanti quattro paesi furono comunque in grado di raggiungere un accordo, e nel giugno 1986 fu quindi costituito – con sede a Monaco di Baviera – il consorzio Eurofighter GmbH, a cui partecipavano la British Aerospace (33%), la MBB (33%), l'Aeritalia (21%) e la CASA (13%). Le suddivisioni delle quote di produzione furono esattamente le stesse, calcolate in base agli ordini previsti da ognuno dei quattro paesi partecipanti, che erano 250 per Gran Bretagna e Germania, 165 per l'Italia e 100 per la Spagna, per un totale di 765 aerei.

Anche per la realizzazione del nuovo propulsore del velivolo fu costituito un consorzio internazionale. Nell'agosto 1986 nacque, sempre a Monaco, Eurojet Turbo GmbH, partecipata da Rolls-Royce, MTU-Munchen, Fiat Aviazione e Sener, con le stesse identiche quote previste per il consorzio Eurofighter.

Nel settembre 1987 fu emesso il requisito finale prodotto dagli Stati Maggiori delle quattro forze aeree, mentre il 23 novembre 1988 furono firmati i principali contratti per lo sviluppo del sistema d'arma e del motore. La costruzione dei primi di otto prototipi del nuovo caccia (denominati da P01 a P08, più due cellule per test statici) ebbe inizio alla fine del 1989. La produzione di serie doveva iniziare nel 1993 su quattro linee di assemblaggio, una per ogni paese, mentre la produzione delle singole componenti sarebbe stata intrapresa suddividendo i compiti in base alle quote. Tutto il processo sarebbe stato controllato da un'agenzia internazionale, la NEFMA (NATO European Fighter Management Agency). L'entrata in servizio era prevista per il 1996.

La crisi dell'Unione Sovietica e la fine del Patto di Varsavia caratterizzarono il passaggio tra gli anni ottanta e gli anni novanta. L'Europa e la NATO si trovarono ad affrontare una situazione politico-militare completamente nuova e diversa dal passato, in cui molti non vedevano più un imminente pericolo da contrastare e quindi la necessità di finanziare costosi programmi di armamento. Il paese che più risentì di questa situazione fu la Repubblica Federale Tedesca, che vide svanire in un colpo solo quarant'anni di Guerra Fredda alle porte di casa, ed era per di più sottoposta al costoso processo di riunificazione con la vecchia Germania Est. Non fu una sorpresa quindi che proprio da parte tedesca giunsero in quegli anni i maggiori problemi al proget-

Further on.

FINMECCANICA 1948 - 2008

EUROFIGHTER TYPHOON

La scelta vincente

100.000 risorse impegnate a lungo termine in Europa, di cui 24.000 nel nostro Paese: l'industria aeronautica italiana lavora allo sviluppo di un innovativo sistema di difesa ad altissime prestazioni, in grado di garantire enormi ricadute tecnologiche anche nel settore civile, attraverso nuove esperienze, nuove conoscenze, nuovi processi produttivi: Eurofighter Typhoon è il principale programma di collaborazione industriale nella storia del nostro continente.
Ma non solo. Eurofighter Typhoon è anche il sistema di difesa che garantisce, anche per i decenni a venire, l'integrità dei nostri confini, con la certezza della sua assoluta superiorità su ogni possibile minaccia, presente e futura.

www.alenia-aeronautica.it

FINMECCANICA

AleniaAeronautica

to Eurofighter. In sostanza, i tedeschi richiedevano un forte ridimensionamento del programma che portasse a sensibili riduzioni dei costi, intervenendo anche su una riduzione dei velivoli da acquisire. L'intero programma subì un forte rallentamento, e fu persino messa in dubbia la sua effettiva realizzazione. Nel marzo 1992 i Capi di Stato Maggiore delle quattro forze aeree produssero un documento in cui confermavano la validità del progetto anche a fronte della nuova situazione politico-militare, e di lì a poco la Germania fu quasi sul punto di ritirarsi dal programma. Nel mese di agosto ci fu una riunione tra i ministri dei Governi interessati, che chiesero all'industria una riduzione dei costi, e alle forze armate un requisito meno "spinto" circa le caratteristiche del velivolo. Si giunse così a definire il progetto Eurofighter 2000, che presentava una riduzione delle caratteristiche del sistema di autodifesa, una diminuzione delle prestazioni, la rinuncia ai comandi vocali e alla protezione nucleare, e altre modifiche minori. In più, il numero dei prototipi (designati ora Development Aircraft, DA) fu ridotto da otto a sette e, cosa ben più importante, furono ridotti gli ordini di ciascun paese. La Gran Bretagna scese a 232 velivoli, la Germania a 180 (ma aveva considerato an-

Sopra, *il DA1 pilotato da Chris Worning mostra tutta la sua potenza e manovrabilità durante la manifestazione aerea di Rivolto, nel settembre 2000.* (R. Niccoli) In basso, *il DA3 fotografato a Pratica di Mare durante la "Giornata dell'Ala 1998", in occasione del 75° anniversario dell'Aeronautica Militare. Notare l'insolito codice "RS-0".* (R. Niccoli)
Above, *DA1 shows all its power and agility during the display of Chris Worning at the Rivolto air show, in September 2000.* Below, *the DA3 taken at Pratica di Mare during the "Giornata dell'Ala" in 1998, celebrating the 75th anniversary of the ItAF. Note the unusual "RS-0" code.*

SMALL "ITEMS".

A sinistra, *la presentazione ufficiale del primo EF.2000 per l'Austria, il 13 giugno 2006 a Manching.* (Eurofighter)
In basso, la linea di asseblaggio della BAE Systems a Warton. (Eurofighter)
Nella pagina a fianco, *le massime autorità presenti alla cerimonia di Type Acceptance del Typhoon, Manching, 30 giugno 2003.* (Eurofighter)

Left, *the official presentation of the first EF.2000 for Austria, on June 13, 2006, at Manching.*
Below, *the BAE Systems assembly line at Warton.*
In the other page, *the highest officials at the Type Acceptance ceremony, Manching, June 30, 2003.*

che solo 140), l'Italia 121 e la Spagna 87, con un totale complessivo di 620 velivoli (più 90 in opzione). In conseguenza di ciò, furono riviste anche le quote produttive assegnate a ciascun paese, che passarono a 37,5% per la Gran Bretagna, 30% per la Germania, 19,5% per l'Italia e 13% per la Spagna. Grazie anche a una revisione del processo di industrializzazione e supporto logistico, il costo totale del programma scese del 13%, ma ci furono delle diversificazioni tra i vari partner. La Gran Bretagna scelse di dotarsi di tutti i sistemi previsti, mentre Italia e Spagna rinunciarono all'IRST su una parte dei velivoli e la Germania apportò i tagli maggiori, rinunciando all'IRST e ritirandosi dal consorzio per il sistema di autodifesa. I tedeschi valutarono persino l'opportunità di acquisire il radar statunitense AN/APG-65 al posto dell'ECR-90.

Ritrovato slancio e unione tra i membri del consorzio, il programma riprese la sua strada. Il 27 marzo 1994 volava a Manching il primo prototipo DA1, pilotato da Peter Weger. Questo primo velivolo era privo di radar ed era dotato dei motori Turbounion RB.199, gli stessi del Tornado; fu utilizzato per prove generali di volo e per lo sviluppo del Flight Control System (FCS). Il 6 aprile volò invece il primo prototipo britannico (DA2), che decollò da Warton ai comandi di Chris Yeo. Questi due velivoli erano dotati di un software dei comandi di volo veramente basico (FCS.0), e dal giugno 1994 al maggio 1995 rimasero a terra in attesa di poter caricare delle versioni più avanzate del software. Le prove di volo ripresero il 15 maggio 1995, mentre il 4 giugno decollò per la prima volta, pilotato da Napoleone Bragagnolo, il primo prototipo italiano (DA3), anch'esso privo di radar ma dotato, primo in assoluto, dei nuovi motori Eurojet EJ200. In successione, volarono poi il DA6 spagnolo (primo biposto, il 31 agosto 1996), il DA7 italiano (27 gennaio 1997), il DA5 tedesco (24 febbraio 1997) e il DA4 britannico (biposto, il 14 marzo 1997).

Il 30 gennaio 1998 furono firmati i definitivi contratti di produzione e supporto da parte dei contraenti, per la parte industriale Eurofighter, e per la parte governativa NETMA (NATO Eurofighter and Tornado Management Agency), l' agenzia ottenuta dall'accorpamento di NEFMA e NAMMA. A seguito di questo contratto cardine furono poi formalizzati i contratti di dettaglio: il "Supplement 1" per l'investimento nella produzione, l'Integrated Logistic Support (ILS), il Contratto d'Acquisto 1 (PC1 per il servizio dell'ILS) e il Contratto d'Acquisto 2 (PC2 per la definizione dei quattro principali sistemi di supporto a terra: Aircrew Systhetic Training Aids (ASTA), Ground Support System (GSS), Ground Training Aids per il personale tecnico e International Weapon System Support System (IWSSS). La produzione dei velivoli veniva suddivisa in tre Tranche, rispettivamente per 148, 236 e 236 velivoli, per un totale di 620 macchine. I motori invece erano in totale 1.382. Le quote di produzione della Tranche 1 erano state rinegoziate, e suddivise tra il 36,33% alla Gran Bretagna, 30% alla Germania, 20% all'Italia e 16,67% alla Spagna. Il 18 settembre 1998 fu firmato il contratto relativo al "Supplement 2" per la Tranche 1 di produzione (comprensiva anche di 363 motori), pari a un valore di 7 miliardi di Euro. In quella data al velivolo fu dato ufficialmente il nome di "Typhoon" e fu stabilito che le consegne degli esemplari di serie sarebbero iniziate nel giugno 2002.

L'inizio della produzione di serie partì a metà del 1998. Secondo il programma, ognuna delle quattro aziende responsabili della produzione doveva allestire una linea di assemblaggio presso i propri stabilimenti, dove sarebbero state consegnate tutte le componenti prodotte dalle decine di aziende coinvolte. Le linee di assemblaggio sono a Warton per BAE Systems, a Manching per EADS Ger-

the nineties. Europe and NATO were faced with a political situation which was completely new and totally different from the past, and many considered that there was no longer an imminent danger to crisis, removing the need to finance expansive armament programmes. The nation which most reflected these opinions was the Federal German Republic, which saw the disappearance, almost at a stroke, of forty years of Cold War pressure on its borders, and which was, furthermore, undergoing the expensive process of reunification with the former German Democratic Republic. It did not come as a surprise that the major problems afflicting the Eurofighter project in those years originated from the German partner. In substance, the Germans sought a heavy re-dimensioning of the programme which would deliver a major reduction in costs, allied to a reduction of the number of aircraft in its order. The entire programme suffered a heavy slow down, and for a time its eventual realisation was even called into question. In March 1992 the Chiefs of Staff of the four air forces produced a document in which the validity of the project was confirmed, even in the light of the revised political-military situation, although at that point Germany was really near to withdraw from the programme. In the month of August there was a meeting of the Ministers from the Governments involved, which resulted in calls on the manufacturer to reduce costs, and on the armed forces to produce a scaled down list of requisites for the aircraft's characteristics. This resulted in the definition of the Eurofighter 2000 project, which produced in a reduction in the self-defence capabilities, diminished in performance, the cancellation of voice commands and nuclear protection, and other minor modifications. Furthermore, the number of prototypes (now designated Development Aircraft, DA) was reduced from eight to seven and, far more significantly, each nation cut back its order. The British order fell to 232 aircraft, Germany's to 180 (although it had considered reducing to

Dall'alto in basso, *il DA7* (Alenia); *prove di rifornimento in volo per l'IPA2 di Alenia nel febbraio 2004* (Troupe Azzurra/AM); *l'IPA3 di EADS ripreso in rullaggio a Manching nell'agosto 2002* (WTD.61); *il DA7 ripreso a Cameri, nel giugno 1997, durante prove di compatibilità logistiche con le strutture della base.* (A. Mocchetti) *Nella pagina a fianco, l'IPA2 a Caselle nel marzo 2005 con serbatoi ausiliari e bombe inerti a guida Laser per prove di flutter.* (R. Niccoli)

From above, *the DA7 prototype; in-flight refuelling trials for the IPA2 of Alenia, in February 2004; the IPA3 taxiing at Manching in August 2002; the DA7 taken at Cameri in June 1997, during compatibility trials with the base facilities. In the other page, the IPA2 at Caselle in March 2005, for flutter trials with auxiliary fuel tanks and inert LGBs.*

many, a Caselle per Alenia Aeronautica e a Getafe per EADS-CASA.

Nel 1998 iniziarono anche a concretizzarsi le possibilità di esportazione del velivolo europeo. Nel mese di giugno il DA5 effettuò una visita dimostrativa in Norvegia, e nel febbraio 1999 il consorzio ricevette una Request for Proposal (RFP) dal governo norvegese per l'acquisizione di 20 velivoli, più dieci in opzione. Sempre nel febbraio 1999 il governo greco annunciò il suo interesse per l'acquisizione di 60-80 esemplari di Eurofighter. Il consorzio costituì a Londra nell'ottobre 1999 la società Eurofighter International, destinata a promuovere la commercializzazione del caccia verso paesi terzi. Nel frattempo, anche Corea del Sud, Olanda, Polonia e Repubblica Ceca manifestarono interesse verso il Typhoon. Tuttavia, nel 2001 la Grecia annunciò il rinvio dell'acquisto del velivolo, a causa dei costi derivanti dall'organizzazione dei Giochi Olimpici di Atene 2004.

Il 5 aprile 2002 decollò da Caselle, pilotato da Maurizio Cheli, il velivolo IPA2, primo di cinque esemplari di Instrumented Production Aircraft, velivoli di serie destinati a ulteriori attività di test e certificazione.

Il 2 luglio 2002 il governo austriaco annunciò la decisione di acquisire 24 esemplari di EF.2000, destinati a sostituire gli anziani caccia SAAB Draken. Il valore del contratto veniva stimato in 2 miliardi di Euro. Il 22 novembre 2002 si registrò invece il primo serio incidente a un Eurofighter, quando il prototipo spagnolo DA6 precipitò nei pressi di Toledo a causa dello spegnimento contemporaneo di entrambi i motori, e della conseguente perdita totale di tutti i sistemi. L'incidente portò alla messa a terra temporanea della flotta per qualche settimana, anche a

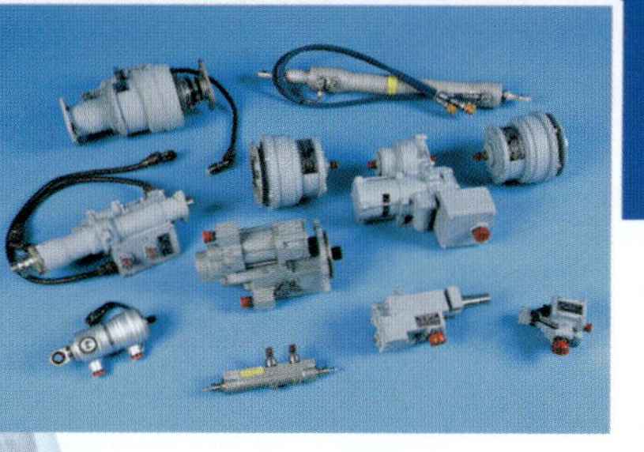

Fondata nel 1903 dal giovane tecnico Secondo Mona e attiva in aeronautica dal 1913, la Secondo Mona S.p.A. è oggi, alla quarta generazione, un'azienda leader in Italia e nel mondo nel settore degli equipaggiamenti aeronautici di bordo per sistemi carburante, idraulici e di azionamento.

Con quasi 100 anni di esperienza a stretto contatto con le principali aziende velivoliste e motoriste italiane ed estere, Secondo Mona garantisce prodotti di altissima affidabilità e qualità attualmente installati sui caccia europei EF2000 Typhoon e Tornado, sugli addestratori Aermacchi M346, M311, MB339 e SF260, sugli elicotteri Agusta EH101, US101, AW149, AW139, A129, A119 e A109, sul nuovo aereo da trasporto Alenia C27J e su diversi aerei civili quali il Boeing 787, i regional jets della Bombardier ed alcuni business jets quali il Piaggio P180.

L'ampia gamma di prodotti di propria progettazione comprende: sistemi di alimentazione carburante, sistemi di rifornimento in pressione, pompe a corrente alternata e a corrente continua, eiettori, turbo pompe, regolatori di pressione, elettrovalvole, filtri, azionatori elettromeccanici lineari e rotativi, equipaggiamenti idraulici ed equipaggiamenti per motori.

Secondo Mona svolge anche un'importante attività di manutenzione e revisione in supporto a tutti i velivoli attualmente in uso alle Forze Armate italiane e ad altri enti dello Stato. Questa attività è dedicata ad una gamma particolarmente ampia di equipaggiamenti.

Secondo Mona 100

SECONDO MONA S.p.A.
21019 Somma Lombardo (VA) Italy - Via Carlo Del Prete, 1
Phone +39 0331 756 111 - Fax +39 0331 252334
www.secondomona.it - info@secondomona.it

only 140), Italy to 121 and Spain to 87, giving an overall total of 620 aircraft (plus 90 on option). As a consequence of this, the production totals assigned to each partner were reviewed, and resulted in the assignment of 37.5% to Great Britain, 30% to Germany, 19.5% to Italy and 13% to Spain. Thanks also to a revision of the industrialisation and logistic support process, the total cost of the programme fell by 13%, but there were some diversifications amongst the various partners. Great Britain elected to avail itself of all the planned systems, while Italy and Spain cancelled the IRST from a part of their fleets, while Germany enacted the most severe cuts, cancelling the IRST and withdrawing from the self-defence system consortium. The Germans even evaluated the possibility of acquiring the American AN/APG-65 radar system in place of the ECR-90.

With unity and accord re-established amongst the members of the consortium, the programme was back on the road. On March 27, 1994 at Manching the first prototype, DA1, made its first flight, piloted by Peter Weger. This first aircraft was lacking its radar, and was fitted with Turbo Union RB.199 engines, the same as the Tornado; it was utilised for general flight testing and for the development of the Flight Control System (FCS). On April 6, however, it was the first British prototype (DA2) which took off from Warton with Chris Yeo at the controls. These two aircraft were fitted with extremely basic flying control software (FCS.0), and between June 1994 and May 1995 were grounded to permit the installation of more advanced versions of the software. Flight tests were resumed on May 15, 1995, while on June 4 the first Italian prototype (DA3) made its first flight, piloted by Napoleone Bragagnolo: this aircraft also lacked its radar but was equipped, for the first time in the programme, with the new Eurojet EJ200 engines. Following on in succession were the Spanish DA6 (the first two-seat, August 31, 1996), the Italian DA7 (January 27, 1997), DA5 in Germany (February 24, 1997), and DA4 in Britain (two-seat, March 14, 1997).

On January 30, 1998 the definitive manufacturing and support contracts were signed by the contractors, Eurofighter for the industrial part, and

Eurofighter EF.2000 Development Aircraft (DA)

DA1 - *matricola* 98+29 - monoposto - *ditta* EADS D. - *primo volo* 27 marzo 1994
Inizialmente senza radar e con motori RB.199. Impiegato per prove generali e sviluppo del software dei comandi di volo. Nel 1996 ha ricevuto i motori EJ200-03Z. L'8 aprile 2003 è stato inviato in Spagna per sostituire il DA6 in prove di sviluppo del sistema Direct Voice Input (DVI) e per prove degli armamenti aria-superficie. In Spagna ha ricevuto la matricola XC.16-02. Ritornato in Germania fu usato per test di lancio del missile IRIS-T. Fu ritirato dall'attività di volo il 21 dicembre 2005. Ora si trova al museo di Oberschleisseheim.

DA2 - *matricola* ZH588 - monoposto - *ditta* BAE Systems - *primo volo* 6 aprile 1994
Utilizzato per lo sviluppo dei comandi di volo ed espansione dell'inviluppo di volo. Nel 1998 fu dotato dei motori EJ200 e nel 2000 ricevette una livrea nera per nascondere l'installazione sulle superfici di 490 trasduttori di pressione. Fu utilizzato anche per prove di carichi asimmetrici e volo lento. Ritirato dall'attività di volo nel 2006, dal 22 gennaio 2008 si trova al museo RAF di Hendon.

DA3 - *matricola* MMX.602 - monoposto - *ditta* Alenia A. - *primo volo* 4 giugno 1995
Inizialmente senza radar, ma primo dotato dei motori EJ200. Fu impiegato per prove dei motori e dei serbatoi subalari e per i primi tiri con il cannone BK27. In seguito ha effettuato test di prestazioni, test dei carichi esterni e del loro rilascio.

DA4 - *matricola* ZH590 - biposto - *ditta* BAE Systems - *primo volo* 14 marzo 1997
Prototipo dotato di radar Captor e dell'avionica completa. Fu utilizzato per test avionici e per i primi lanci dei missili AMRAAM. Fu il primo velivolo a volare in supercruise (20 febbraio 1998) e ha effettuato numerose prove di rifornimento in volo. È stato poi impiegato per le prove dell'avionica destinata ai velivoli Tranche 2.

DA5 - *matricola* 98+30 - monoposto - *ditta* EADS D. - *primo volo* 24 febbraio 1997
Fu il primo prototipo a volare con il radar Captor. Impiegato per test di radar e avionica e per un tour dimostrativo in Norvegia nel 1998. È stato quindi aggiornato con l'avionica per la serie Tranche 2.

DA6 - *matricola* XCE.16-01 - biposto - *ditta* EADS-CASA - *primo volo* 31 agosto 1996
Fu il primo esemplare biposto a volare, e venne utilizzato per prove di Espansione dell'inviluppo di volo, del sistema Environmental Control System, del casco HED e del sistema MIDS. È andato distrutto in un incidente di volo il 21 novembre 2002.

DA7 - *matricola* MMX.603 - monoposto - *ditta* Alenia A. - *primo volo* 27 gennaio 1997
È stato impiegato per prove di navigazione, comunicazione, prestazioni, integrazione e prove a fuoco dell'armamento. È stato retrofittato con il sistema PIRATE.

Eurofighter EF.2000 Instrumented Production Aircraft (IPA)

IPA1 - *matricola* ZJ699 - biposto - *ditta* BAE Systems - *primo volo* 15 aprile 2002
Prima macchina a volare con il sistema di manetta elettronica, e primo a condurre i primi test transonici di manovrabilità carefree. È stato poi usato per test di flutter e vibrazioni, espansione dell'inviluppo di volo, qualifica e sgancio delle bombe Paveway II.

IPA2 - *matricola* MMX.614 - biposto - *ditta* Alenia A. - *primo volo* 5 aprile 2002
Primo velivolo IPA a volare. Assegnato principalmente allo sviluppo e integrazione degli armamenti aria-aria e aria-superficie, e del sistema PIRATE. Prove di volo dei motori EJ200 per la Tranche 2. In aggiornamento allo standard Tranche 2.

IPA3 - *matricola* 98+03 - biposto - *ditta* EADS D. - *primo volo* 8 aprile 2002
Impiegato per l'integrazione di armamento aria-aria, e test dei carichi subalari.

IPA4 - *matricola* XC.16-04 - monoposto - *ditta* EADS-CASA - *primo volo* 27 febbraio 2004
Impiegato per l'integrazione di armamenti aria-superficie e per prove ambientali a temperature estreme, prove di compatibilità elettromagnetica, flutter e vibrazioni. In aggiornamento allo standard Tranche 2.

IPA5 - *matricola* ZJ700 - monoposto - *ditta* BAE Systems - *primo volo* 7 giugno 2004
Impiegato per integrazione di armamenti aria-aria e aria-superficie, volo a bassa quota e transonico. In aggiornamento allo standard Tranche 2.

IPA6 - *matricola* ZJ938 - monoposto - *ditta* BAE Systems - *primo volo* 1 novembre 2007
Costruito allo standard Tranche 1 ma dotato di tutta l'avionica e i computer Tranche 2. Impiegato per la Type Acceptance del Block 8.

IPA7 - *matricola* 98+07 - monoposto - *ditta* EADS D. - *primo volo* 16 gennaio 2008
Primo velivolo completamente costruito secondo lo standard Tranche 2. Impiegato per la Type Acceptance del Block 8.

Dall'alto in basso, *il DA6 spagnolo ripreso in volo nel 2006* (EADS-CASA); *il DA3 ripreso durante la manifestazione aerea di Grosseto nel 1999* (R. Niccoli); *l'IPA5 britannico al primo decollo da Warton il 7 giugno 2004* (Eurofighter); *l'IPA4 ripreso durante prove a bassa temperatura (sino a – 31°C) presso la base di Vidsel, in Svezia, nel 2005.* (Eurofighter)

From above, *the Spanish DA6 taken in-flight in 2002; the DA3 during the air display of the Grosseto air show, in 1999; The IPA5 taken at its first flight, Warton, June 7, 2004; the IPA4 during extreme cold weather tests (down to – 31°C) at Vidsel, Sweden, in 2005.*

NETMA (NATO Eurofighter and Tornado Management Agency), the agency obtained by the fusion of NEFMA and NAMMA, for the Governments. Following these fundamental agreements, the contracts for the specific details were later signed: "Supplement 1" for the investment in production, Integrated Logistic Support (ILS), Purchase Contract (PC1 for the ILS service), and Purchase Contract (PC2 for the definition of the four principal ground support systems: Aircrew Synthetic Training Aids (ASTA), Ground Support System (GSS), Ground Training Aids for the technical personnel and the International Weapon System Support System (IWSSS). Production of the aircraft would be sub-divided into three Tranches, respectively for 148, 236 and 236 aircraft, for an over total of 620 machines. There would be, in addition, a total of 1,382 engines. The production share was re-negotiated, and divided between 36,33% to Great Britain, 30% to Germany, 20% to Italy and 16,67% to Spain. On 18 September 1998 the contract relative to "Supplement 2" was signed, covering the Tranche 1 production (also including 363 engines), equal to a value of 7 billion Euro. On that date the aircraft was officially named the "Typhoon", and it was agreed that the delivery of the first production examples would commence in June 2002.

Series production was launched in mid-1998. According to the programme, each of the four manufacturers responsible for production had to establish an assembly line at its own facility, to which the components manufactured by dozens of other participating companies would be delivered. These assembly lines would be at Warton for BAE Systems, Manching for EADS Germany, Caselle for Alenia Aeronautica, and Getafe for EADS-CASA.

In 1998 the possibilities of achieving

causa di alcuni problemi al carrello registrati dai velivoli britannici, e a un nuovo ritardo nell'avvio delle consegne dei velivoli di serie.

Dopo controversie politiche e nuove elezioni, l'Austria firmò il contratto con Eurofighter GmbH il 1° luglio 2003, finalizzando l'acquisto di 18 esemplari monoposto, sei prelevati dalla tranche 1 e dodici dalla Tranche 2. Dopo le elezioni del 2006 il contratto fu rinegoziato per 15 velivoli, tutti Tranche 1.

Tra il 14 e il 17 febbraio 2003 effettuarono il primo volo i primi velivoli di serie di ogni paese, il GT001 tedesco, il BT001 britannico, l'IT001 italiano, e l'ST001 spagnolo, tutti esemplari biposto. In quel momento, oltre cento macchine erano in fase di produzione e assemblaggio. Il 30 giugno 2003 fu tenuta a Manching la cerimonia ufficiale di accettazione del velivolo (Type Acceptance) da parte dei rappresentanti delle quattro nazioni. Il 4 agosto fu consegnato a Manching il primo EF.2000 operativo, il velivolo GT003 (30+03, ex 98+33) per la Luftwaffe, che iniziò a impiegarlo per l'addestramento dei piloti istruttori. Nello stesso periodo anche la RAF ricevette la sua prima macchina (ZJ803), che rimase a Warton per la conduzione di attività addestrative. Il 4 settembre fu invece la Spagna che accettò il primo velivolo basandolo a Getafe, presso la EADS, per le prime attività addestrative. Il primo esemplare italiano (MM.55092) fu invece consegnato a Caselle il 19 febbraio 2004, e rimase presso l'Alenia Aeronautica per attività di On Job Training del personale tecnico militare.

Il 14 dicembre 2004, con circa un anno di ritardo rispetto ai programmi, venne firmato dai governi il contratto per la produzione della Tranche 2. Questo ritardo si ripercuoterà poi nel 2008, quando tra la fine delle consegne della

Dall'alto, *Il prototipo Tedesco DA5 fu il primo a montare il radar Captor.* (EADS); *dopo la perdita del DA6, il DA1 fu ceduto alla EADS-CASA nell' aprile 2003 per una nuova serie di test; il velivolo GT003 ripreso a Manching in configurazione di prova con missili AIM-120 e IRIS-T.* (Diehl-BGT)

From above, *the German DA5 was the first prototype to be equipped with the Captor radar; after the lost of DA6, in April 2003 the DA1 was passed to EADS-CASA for a new series of tests; aircraft GT003 taken at Manching with a trial configuration with AIM-120 and IRIS-T missiles.*

Eurofighter EF.2000 Development Aircraft (DA)

DA1 - *serial* 98+29 - single seater - *industry* EADS D. - *first flight* March 27 1994
Initially without radar system, and with RB.199 engines. Used for general trials and development of the Flight Control System. In 1996 received the EJ200-03Z engines. On April 8, 2003 was sent to Spain to replace the DA6 in the development of the Direct Voice Input system (DVI) and for air-surface weapon trials. In Spain it was given the XC.16-02 serial. Returned to Germany it was used for IRIS-T launch trials. It was retired from flight activity on December 21, 2005. Now it is on display at the Museum at Oberschleisseheim.

DA2 - *serial* ZH588 - single seater - *industry* BAE Systems - *first flight* April 6 1994
Used for the development of the Flight Control System and expansion of the flight envelope. In 1998 it was equipped with the EJ200 engines and in 2000 received a black livery to hide the installation on the surfaces of 490 pression trasductors. It was used also for load trials and slow flight. It was retired in 2006, and since January 22, 2008 it is on display at the RAF Museum, Hendon.

DA3 - *serial* MMX.602 - single seater - *industry* Alenia A. - *first flight* June 4 1995
Initially without radar system, but first with the EJ200 engines. It was used for engine and underwing tanks trials and for the first live fire tests with the BK27 gun. Later carried out performance tests, and trials on the external loads and their release.

DA4 - *serial* ZH590 - two seater - *industry* BAE Systems - *first flight* March 14 1997
Equipped with Captor radar and full avionic suite. It was used for avionic trials and for the first AMRAAM firings. It was the first Typhoon to fly in supercruise (20 February 1998) and carried out several in-flight refuelling trials. It was also used for trials of the Tranche 2 aircraft avionic suite.

DA5 - *serial* 98+30 - single seater - *industry* EADS D. - *first flight* February 24 1997
It was the first to fly with the Captor radar. It was used for radar and avionic tests, and for a demonstration tour in Norway, in 1998. It was upgraded with the Tranche 2 avionic suite.

DA6 - *serial* XCE.16-01 - two seater - *industry* EADS-CASA - *first flight* August 31 1996
It was the first two seater to fly, and was used for the expansion of the flight envelope, and trials of the Environmental Control System, of the HED helmet and of the MIDS system. It was lost in a flight accident on 21 November 2002.

DA7 - *serial* MMX.603 - single seater - *industry* Alenia A. - *first flight* January 27 1997
It was used for navigation, communication, and performance trials, and for weapons integration and live firings. It was retrofitted with the PIRATE system.

Eurofighter EF.2000 Instrumented Production Aircraft (IPA)

IPA1 - *serial* ZJ699 - two seater - *industry* BAE Systems - *first flight* April 15 2002
First aircraft to fly with the electronic throttle, and first to carry out the first transonic tests of carefree handling. It was later used for flutter and vibration tests, expansion of the flight envelope, qualification and dropping of the Paveway II bombs.

IPA2 - *serial* MMX.614 - two seater - *industry* Alenia A. - *first flight* April 5 2002
First IPA aircraft to fly. Mainly assigned to weapons and PIRATE system integration. Used for trials of the Tranche 2 EJ200 engines. upgraded to Tranche 2 standard.

IPA3 - *serial* 98+03 - two seater - *industry* EADS D. - *first flight* April 8 2002
Used for the integration of air-to-air armament, and tests on the underwing loads.

IPA4 - *serial* XC.16-04 - single seater - *industry* EADS-CASA - *first flight* February 27 2004
Used for the integration of air-to-surface armament and for environmental trials at extreme temperatures, test of electromagnetic integration, flutter and vibration. Updated toTranche 2 standard.

IPA5 - *serial* ZJ700 - single seater - *industry* BAE Systems - *first flight* June 7 2004
Used for weapons integration, low level and transonic flight. Updated to Tranche 2 standard.

IPA6 - *serial* ZJ938 - single seater - *industry* BAE Systems - *first flight* November 1 2007
Built to the Tranche 1 standard, but equipped with all the Tranche 2 computers and avionic suite. Used for the Block 8 Type Acceptance.

IPA7 - *serial* 98+07 - single seater - *industry* EADS D. - *first flight* January 16 2008
First aircraft completely built under the Tranche 2 standard. Used for the Block 8 Type Acceptance.

From above, *the first series aircraft for Germany (GT001, test serial 98+31, later 30+01) taken over Bavaria on its maiden flight, on February 13, 2003, before being assigned to the TSLw-1 technical school at Kaufbeuren; the first series aircraft for the RAF was BT001 (serial ZJ800) here at its first take-off, on February 14, 2003; two-seater DA4 recorded the 1000th Eurofighter flying hour in February 2000. The IPA2 taken at Decimomannu in May 2007 during tests with the Meteor missile.*

Tranche 1 e l'inizio di quelle della Tranche 2 intercorreranno oltre sei mesi.

Sul fronte delle esportazioni, il 21 dicembre 2005 i governi di Gran Bretagna e Arabia Saudita annunciarono la firma di un Memorandum relativo alla modernizzazione delle forze armate saudite. I contratti relativi all'acquisizione di 72 esemplari di EF.2000 (Tranche 2) vennero firmati entro il dicembre 2007. A partire dal 2009 l'Arabia Saudita inizia a ricevere 24 esemplari costruiti dalla BAE Systems e prelevati dal lotto per la RAF. Successivamente dovrebbe venire attivata una linea di assemblaggio in Arabia Saudita per il completamento delle rimanenti 48 macchine.

Il 20 luglio 2006, durante il salone di Farnborough, Eurofighter GmbH e NETMA firmarono il contratto "Austere air-to-ground capability" che prevedeva l'integrazione sui velivoli Block 5 per la RAF del pod per designazione Laser Litening III e di bombe Enhanced Paveway II, cosa che andava oltre le capacità già previste per la Tranche 1.

Il 15 novembre 2006, con il velivolo BS021, aveva inizio il programma di retrofit detto R2, destinato a portare 115 velivoli della Tranche 1 allo standard Block 5. I primi esemplari sottoposti a retrofit furono quelli della serie Block 2B, che necessitavano di minori modifiche. In precedenza, già i velivoli Block 1 (tutti biposto) avevano iniziato a essere sottoposti a retrofit R1, che li portava a uno standard vicino a quello dei Block 2. Entro il 2012, tutti i velivoli Tranche 1 dovrebbero essere stati portati allo standard Block 5.

Il primo velivolo Block 5 (SS011), che dispone delle capacità finali (FOC – Full Operational Capability) previste per la Tranche 1, veniva consegnato all'aeronautica spagnola il 29 marzo 2007, mentre il 148° e ultimo velivolo dell'intera Tranche 1 (GT015, serial 30+42) raggiungeva la Luftwaffe il 20 marzo 2008. Nel frattempo, il 16 gennaio 2008 aveva volato a Manching il primo velivolo Tranche 2, il monoposto IPA7 (98+07), destinato a conseguire la Type Acceptance per il Block 8 di produzione. Il 1° novembre 2007 aveva già volato anche l'IPA6 (BS031) un velivolo Tranche 1 dotato della completa

Dall'alto, *il primo esemplare di serie per la Germania (GT001, matricola sperimentale 98+31, poi 30+01) ripreso sulla Baviera durante il suo primo volo, il 13 febbraio 2003, prima di essere assegnato alla scuola per specialisti TSLw-1 a Kaufbeuren* (EADS); *il primo velivolo di serie per la RAF fu il BT001 (serial ZJ800), qui al primo decollo il 14 febbraio 2003* (Eurofighter); *il biposto DA4 registrò la millesima ora di volo di un Eurofighter, nel febbraio 2000* (Eurofighter). *L'IPA2 a Decimomannu nel maggio 2007 durante una serie di test con il missile Meteor.* (R. Niccoli)

Dall'alto, *l'IPA1 durante prove di carico con sei bombe a guida Laser Paveway II, nell'aprile 2006* (Eurofighter)*; test condotti dalla RAF nel poligono di Aberporth (Galles) relativi allo sgancio di bombe Paveway II da 1.000 libbre, novembre 2007, e al lancio del missile ASRAAM, marzo 2007.* (Eurofighter)

From above, *the IPA1 taken during load tests with six Paveway II LGBs, in April 2006; RAF tests carried out in the Aberporth range (Wales) for the delivery of Paveway II bombs, in November 2007, and the firing of ASRAAM missile, March 2007.*

export successes with the European aircraft began to take shape. In the month of June DA5 made a demonstration visit to Norway, and in February 1999 the consortium received a Request for Proposal (RFP) from the Norwegian government for the purchase of 20 aircraft, plus an option for ten. Again, in February 1999 the Greek government announced its interest in the acquisition of 60-80 examples of the Eurofighter. The consortium therefore created the Eurofighter International company in London, aimed at promoting the commercialisation of the fighter in non-participating countries. In the meantime, South Korea, the Netherlands, Poland, and the Czech Republic had demonstrated interest in the Typhoon. Nevertheless, in 2001 Greece announced it decision to abandon a purchase of the aircraft due to the costs it incurred in organising the 2004 Olympic Games in Athens.

On April 5, 2002 IPA2 took off from Caselle, flown by Maurizio Cheli, the first of five examples of the Instrumented Production Aircraft (IPA), production machines destined for further test and certification activities.

On July 2, 2002 the Austrian government announced its decision to acquire 24 examples of the EF.2000, destined to replace its old Saab Draken fighters, the value of the contract being estimated at 2 billion Euro. The first (and up today only) serious accident to an Eurofighter was recorded on November 22, 2002, when Spanish prototype DA6 crashed near Toledo due to the simultaneous flame out of both engines, with the consequent loss of all the systems. The incident resulted in the grounding of the fleet for a few weeks, also associated with undercarriage problems afflicting some British aircraft, and led to a new delay to the deliveries of production aircraft.

After political controversies and new elections, Austria signed a contract with Eurofighter GmbH on July 1, 2003, finalising the acquisition of 18 single-seat examples, six drawn from Tranche 1 and 12 from Tranche 2. Following the elections of 2006 the contract was negotiated down to 15 aircraft, all from Tranche 1.

Between February 14 and 17, 2003 the first production aircraft from the national assembly lines made their first flights, GT001 in Germany, BT001 in Britain, IT001 in Italy, and ST001 in Spain, all two-seat examples. At that moment, more than one hundred aircraft were in production and assembly. On June 30, 2003 at Manching the official ceremony celebrating the acceptance of the aircraft was held (Type Acceptance) involving representatives from all four nations. On August 4 the first operational EF.2000 was delivered at Manching, aircraft GT003 for the Luftwaffe, which began to use it to training its instructor pilots. The RAF also received its first aircraft in the same period (ZJ803), which remained at Warton to conduct training activities. On September 4 it was the turn of Spain to accept its first aircraft, basing it at the EADS facility at Getafe

EF.2000: STANDARD DI PRODUZIONE / *PRODUCTION STANDARDS*

TRANCHE 1

Block 1 – velivoli con Initial Operational Capability (IOC), tutti biposto, impiegati per attività addestrative e valutative iniziali. Dispongono di capacità aria-aria basiche, radar Captor di versione iniziale e non montano il DASS. Possono impiegare missili AIM-9L, AIM-132 e AIM-120B, ma non i serbatoi ausiliari esterni. Nel Block 1 fanno parte due velivoli ISPA (Instrumented Series Production Aircraft) utilizzati per test di sviluppo e certificazione: ISPA1 (BT005, ZJ804 della RAF) e ISPA2 (IS001, MMX.7235 dell'AM). *Initial Operational capability (IOC) aircraft, used for initial training and evaluations. Basic air-to-air capability, Captor radar of initial release, and without DASS. Can fire AIM-9L, AIM-132 and AIM-120B missiles, but cannot carry external auxiliary fuel tanks. In Block 1 there are also two Instrumented Series Production Aircraft (ISPA) used for development and certification: ISPA1 (BT005, ZJ804 of the RAF), and ISPA2 (IS001, MMX.7235 of the Italian AF).*

Block 2 – Velivoli con Full IOC e possibilità di impiego anche del missile IRIS-T. Dispongono di una capacità iniziale di Sensor fusion, con radar Captor, IFF, MIDS e DASS basico, autopilota basico e MLS (Microwave Landing System). I biposto hanno una piccola modifica all'impianto carburante, ragion per cui la RAF li ha denominati T.1A. *Full IOC aircraft, can fire IRIS-T missiles. Initial Sensor Fusion capability, equipped with captor radar, IFF, MIDS, and basic DASS, basic autopilot and Microwave Landing System (MLS). The two-seaters have a small modification to the fuel system, and the RAF designate them T.1A.*

Block 2B – Questa versione introduce il software avionico standard aria-aria carefree handling. *This version introduces the standard air-to-air avionic software carefree handing.*

Block 5 – Questi sono i velivoli FOC (Full Operational Capability) della Tranche 1, designati anche Block 2C, e dispongono in più delle capacità aria-suolo. Possiedono la piena Sensor Fusion, il DASS completo e il MAW. Ad eccezione dei velivoli tedeschi, dispongono anche del sistema PIRATE installato, anche se non ancora funzionante. Sono presenti anche i Towed Decoy (ad eccezione dei tedeschi), mentre quelli della RAF hanno anche il Laser Warning. Possono impiegare missili AIM-120C-5 e bombe a guida Laser GBU-10, GBU-16 e Paveway II da 1.000 libbre della RAF. I velivoli britannici hanno la "Austere air-to-ground capability", che comprende il pod da designazione Laser Litening III e le bombe e doppia guida Enhanced Paveway II. *Tranche 1 Full Operational Capability (FOC) aircraft, designated also Block 2C, which in addition dispose of air-to-ground capability. Full Sensor Fusion, full DASS and MAW. Presence of the PIRATE hardware (except for the German aircraft), and of the Towed Decoy; the RAF samples also have the Laser Warning. They can use AIM-120C-5 missiles, GBU-10, GBU-16 and 1,000 RAF Paveway II Laser guided bombs. The British aircraft have the "Austere air-to-ground capability", which includes the Litening III Laser designation pod, and Enhanced Paveway II Laser/GPS guided bombs.*

Block 5A - Queste designazione identifica i 15 velivoli per l'Austria, che sono sostanzialmente dei Block 5 ma privi del software di guida per i missili AIM-120. *This designation identify the 15 aircraft for Austria, which basically are Block 5, but lack of the AIM-120 missile guidance software.*

Tutti i velivoli Block 1, 2 e 2B saranno portati allo standard Block 5. Il programma di retrofit R1 ha portato i velivoli Block 1 a uno standard vicino al Block 2. Il programma R2 porta tutte le macchine a livello Block 5. *All the Block 1, 2 and 2B aircraft are destined to be upgraded to Block 5 standard. The R1 retrofit programme brings the Block 1 to a standard similar to Block 2. The R2 programme brings all the aircraft to Block 5 standard.*

TRANCHE 2

Block 8, 8B – Questa versione incorpora tutto il nuovo hardware previsto per la Tranche 2, con nuovi e più potenti Mission Computer, che inizialmente saranno caricati con il software del Block 5. Seguirà il Block 8B Enhancement Programme, a cui saranno retrofittati tutti i Block 8. La Fase 1 dell'Enhancement Programme sarà dedicata soprattutto alle capacità aria-suolo e al miglioramento dei sistemi di comunicazione e di Man-Machine Interface. Integrerà il Laser designator pod definitivo, le bombe EGBU-16 e le Paveway IV, miglioramenti al MIDS, al DASS, al GPS e le completa integrazione digitale del missile IRIS-T. La Fase 2 dell'Enhacement Programme comprenderà l'integrazione dei missili Meteor, Storm Shadow e Taurus. *This version integrates all the new hardware foreseen for the Tranche 2, with new and more powerful Mission Computers, which initially will be loaded with Block 5 software. Then the Block 8 Enhancement Programme follows, to which all the Block 8 aircraft will be retrofitted. Phase 1 of the Enhancement Programme is dedicated above all to the air-to-ground capability, and to the improvement of the communication and Man-Machine Interface systems. It integrates the final Laser designation pod, the EGBU-16 and Paveway IV bombs, improvements to the MIDS, DASS, GPS and the complete digital integration of the IRIS-T missile. Phase 2 will include the integration of the Meteor, Storm Shadow and Taurus missiles.*

TRANCHE 3

Con la Tranche 3 potranno essere concretizzate le enormi capacità di crescita del sistema Eurofighter, mediante l'introduzione del motore EJ200 con vettoramento di spinta, del radar Captor in versione AESA (Active Electronic Scanning Array) e la riduzione delle emissioni infrarosso. Le caratteristiche dei velivoli Tranche 3 saranno definite nel dettaglio dal contratto di produzione che i partner non hanno ancora firmato. *The Tranche 3 could exploit all the enormous growth capability of the Eurofighter system, thanks to the introduction of the EJ200 engine with thrust vectoring, of the Captor radar with Active Electronic Scanning Array (AESA), and the reduction of IR signature. The characteristics of the Tranche 3 aircraft will be detailed by the production contract which still has to be signed by the partners.*

suite avionica e del Mission computer per la Tranche 2. Il 12 settembre 2008 Eurofighter e NETMA firmavano la Type Acceptance per i velivoli Block 8, autorizzando così la consegna delle macchine agli operatori. Il giorno prima, l'intera flotta Typhoon raggiungeva il traguardo delle 50.000 ore di volo. I primi velivoli di serie della Tranche 2 volavano negli stessi giorni, e iniziavano a essere consegnati dal 10 ottobre 2008, quando il velivolo BS040 veniva preso in carico dalla RAF. Il 22 ottobre volava il primo esemplare per l'Arabia Saudita, mentre due giorni dopo aveva inizio il Phase 1 Enhancement Programme, quando il velivolo IPA2 iniziava a volare con le bombe Paveway IV da 500 lb. Il 6 novembre i velivoli IPA3 e GT015, accompagnati da un team misto EADS-Luftwaffe-WTD.61, giungevano sulla base svizzera di Emmen per iniziare le prove valutative richieste dall'aeronautica svizzera in vista della scelta del futuro caccia elvetico, attesa per l'estate 2009. E la storia continua... ❑

Dall'alto, *il primo volo di un EF.2000 saudita si è registrato il 22 ottobre 2008* (BAE Systems); *L'IPA7, primo velivolo allo standard Tranche 2, ha volato a Manching il 16 gennaio 2008.* (Eurofighter)
Nella pagina a fianco, *nel marzo 2007 l'IPA4 spagnolo è stato impiegato a Mòron per prove del missile Meteor. (Eurofighter)*

From above, *the first Royal Saudi AF Eurofighter flew on October 22, 2008; the IPA7, first aircraft produced under the Tranche 2 standard, had its maiden flight at Manching on January 16, 2008.*
In the other page, *in March 2007 the IPA4 flew from Mòron for tests of the Meteor missile.*

for initial training operations. The first Italian example, (MM.55092), was delivered at Caselle on February 19, 2004, remaining with Alenia Aeronautica for On Job Training of military personnel.

On December 14, 2004, with around a year's delay in respect of the programme schedule, the Governments signed the contract for the production of Tranche 2. This delay would impact later in 2008, when there was over six month

of gap between the end of deliveries of Tranche 1 aircraft and the beginning of deliveries of Tranche 2.

In terms of exports, on December 21, 2005 the governments of Great Britain and Saudi Arabia announced the signing of a Memorandum concerning the modernisation of the Saudi Armed Forces. The contracts covered the acquisition of 72 examples of the EF.2000 (Tranche 2), and were signed in December 2007. Saudi Arabia will begin to receive 24 aircraft manufactured by BAE Systems in 2009, these drawn from a batch previously assigned to the RAF. Subsequent deliveries will come from an assembly line which will be established in Saudi Arabia to complete the remaining 48 machines.

On July 20, 2006, during the Farnborough Air Display, Eurofighter GmbH and NETMA signed the "Austere air-to-ground capability" contract, covering the integration of the Litening III Laser designation pod and the Enhanced Paveway II bomb on the Block 5 aircraft of the RAF, a step which was outside the capability initially planned for Tranche 1.

The R2 retrofit programme was initiated on November 15, 2006 with aircraft BS021, intended to bring 115 aircraft from Tranche 1 to Block 5 standard. The first examples to undergo the retrofit were drawn from Block 2B, and only required minor modifications. Earlier, all the Block 1 aircraft (two-seats), had been subjected to an R1 retrofit, which brought them to a standard close to those of Block 2. By 2012, all the Tranche 1 aircraft should have been upgraded to Block 5 standard.

The first Block 5 aircraft (SS011), possessing the final capacity (FOC – Full Operational Capability) planned for Tranche 1, was delivered to the Spanish Air Force on March 29, 2007, while the 148th and last aircraft of the entire Tranche 1 (GT015, serial 30+42) joined the Luftwaffe on March 20, 2008. In the meantime, on January 16, 2008 at Manching the first Tranche 2 aircraft, single-seat IPA7 (98+07), made its first flight, destined to achieve Type Acceptance for production Block 8. On November 1, 2007 IPA6 (BS031) had already flown, a Tranche 1 aircraft fitted with the complete avionics suite and Mission computer of the Tranche 2 aircraft. On September 12, 2008 Eurofighter and NETMA signed the Type Acceptance for the Block 8 aircraft, clearing the delivery of the first machines to the operators. The day before the whole Typhoon fleet reached the 50,000 flying hours. The first Tranche 2 series aircraft fly in the same days, and began to be delivered from October 10, 2008, when aircraft BS040 was accepted by the RAF. On October 22, the first Typhoon for Saudi Arabia flew, while two days later, the Phase 1 Enhancement Programme started, when aircraft IPA2 began to fly equipped with Paveway IV 500 lb bombs. On November 6, aircraft IPA3 and GT015, together with a mixed team EADS-Luftwaffe-WTD.61, arrived on the Swiss base at Emmen to start the evaluation trials required by the Swiss Air Force within the contest for the future Swiss fighter, whose decision is expected by summer 2009.

And the story goes on... ❑

EF.2000: La tecnica

L'Eurofighter EF.2000 è un caccia originariamente concepito per le missioni di difesa aerea e superiorità aerea. La sua filosofia progettuale è basata sulla formula aerodinamica "Delta-Canard", cioè una configurazione caratterizzata dall'adozione di un'ala a delta accoppiata a superfici anteriori Canard completamente mobili, formula ottimizzata per ottenere le migliori prestazioni in campo supersonico.

La **configurazione Delta-Canard** offre comunque una serie di vantaggi rispetto a una configurazione convenzionale, con ala trapezoidale a freccia e piani di coda. La portanza massima è più elevata, grazie alla presenza di una maggior superficie alare e di un carico alare minore, che genera elevati ratei di rollio e raggi di virata più ridotti. Il Delta-Canard con alto angolo di freccia ed elevato rapporto tra spessore e corda alare alla radice genera una minore resistenza aerodinamica in supersonico, una grande rigidità strutturale e permette di installare serbatoi alari di maggiore capienza. Tutto ciò permette anche di ottenere maggiore accelerazione ed elevata autonomia. L'ala è dotata di Slat e Flaperon interni ed esterni, ha una superficie di 50 mq ed è sensibilmente svergolata alle estremità per migliorare le prestazioni a bassa velocità.

Le superfici Canard (o Foreplanes) concorrono a controllare l'instabilità longitudinale e consentono quando richiesto di aumentare la portanza massima e ridurre la resistenza indotta ad alti angoli di attacco (AoA). Consentono anche di raggiungere elevati angoli di attacco e di mantenere la manovrabilità in assetti estremi.

L'EF.2000 è progettualmente instabile sull'asse di beccheggio in regime subsonico di circa il 7%. In regime supersonico il velivolo diventa stabile lungo l'asse longitudinale, ma instabile lateralmente, cosa che ne favorisce la manovrabilità. Il velivolo ha un basso carico alare, che unito all'elevata portanza e alla eccellente spinta dei motori, consente virate sostenute a valori di 18-20°/sec. e un rateo istantaneo superiore ai 25°/sec. Il rateo di rollio è superiore ai 200°/sec.

La deriva è singola e abbastanza alta, con freccia di 54° sul bordo d'attacco, e mantiene la sua efficacia anche ad alti AoA grazie alla presenza di due superfici aerodinamiche ai lati dell'abitacolo, che permettono di energizzare i flussi d'aria che arrivano alla deriva agli alti AoA.

Fattore chiave per il controllo del velivolo è il software dei comandi di volo (FCS – Flight Control System), che rende la macchina controllabile e "carefree handling" per il pilota, cioè il FCS fa da filtro tra gli input del pilota e le prestazioni che il velivolo può offrire in sicurezza. L'FCS è dotato anche di un ALSR (Automatic Low Speed Recovery) e di un DRF (Disorientation Recovery Facility), che tramite un pulsante prende il controllo del velivolo e lo porta a velocità e assetti di sicurezza.

La fusoliera è abbastanza tozza e caratterizzata da un muso ampio che contiene la grande antenna del radar.

EF.2000: Technical Description

The Eurofighter EF.2000 is a fighter originally conceived for air defence and air superiority missions. Its design philosophy is based on a "Delta-Canard" aerodynamic formula, a configuration characterised by a delta wing coupled with completely mobile forward Canard surfaces, a solution optimised to obtain the best performance in the supersonic regime.

The **Delta-Canard configuration** offers, furthermore, a series of advantages over a conventional configuration with a trapezoid swept wing and tailplanes. Maximum lift is higher, thanks to the presence of a larger surface area and a lower wing load, which generates high rate of roll and a tighter radius of turn. The Delta-Canard wing with a high sweep angle and an elevated ratio between thickness and chord at the root generates less aerodynamic drag when supersonic, greater structural rigidity, and permits the installation of larger capacity internal wing fuel tanks. The result achieves greater acceleration and increased range. The wing is fitted with internal and external Slats and Flaperons, has a surface area of 50 mq (538 ft), and is slightly warped at the tips to enhance performance at low speeds.

The Canard surfaces (or Foreplanes) assist in the control of longitudinal stability and deliver on request an increase in maximum lift, while reducing the induced drag at high Angles of Attack (AoA). They also allow the aircraft to reach elevated angles of attack and to maintain its manoeuvrability in extreme aspects.

The EF.2000 is designed to be around 7% longitudinally unstable in the subsonic regime. In the supersonic regime the aircraft becomes stable along its longitudinal axis but unstable laterally, a factor which improves manoeuvrability. The aircraft has a low wing load, which united to elevated lift and exceptional engine thrust allows it to turn at sustained rates of 18-20°/sec. and an instantaneous turn rate of more than 25°/sec. The roll rate is superior to 200°/sec.

The fin is single and fairly tall, with a leading edge sweep of 54°, and retains its efficiency even at high angles of attack thanks to the presence of two aerodynamic surfaces on the sides of the cockpit, which enable the airflows which arrive at the tail at high angles of attack to be energised.

A key factor in the control of the aircraft is the software of the flying controls (FCS – Flight Control System), which ensures that the aircraft is controllable and delivers "carefree handling" to the pilot: the FCS actually serves as filter between the control inputs of the pilot and the performance that the aircraft can safely offer. The FCS is also fitted with an ALSR (Automatic Low Speed Recovery) and a DRF (Disorientation Recovery Facility), which through an over-ride switch takes control of the aircraft and returns it to a safe attitude.

The fuselage is stocky and characterised by a broad nose cone which contains the large radar antenna. The air intakes are in box form, sited in a ventral position under the nose. The lower lip is mobile to regulate and guarantee the airflow to the engines even at high AoA, and works in relationship with the Mach number. The aircraft has a classic tricycle undercarriage, with the nose gear retracting rearwards, under the air intake, and the two main wheels retracting into bays in the wing.

In alto, *il casco HEA di BAE Systems Avionics, dotato di Helmet Mounted Sight, costituisce un ausilio fondamentale nel combattimento aereo.* (BAE Systems)
A sinistra, *un disegno spaccato dell'EF.2000.* (Eurofighter)
Nella pagina a fianco, *l'impressionante panoplia prevista per l'EF.2000.* (Eurofighter)

Above, *the HEA helmet of BAE Systems Avionics, equipped with an Helmet Mounted Sight, is a fundamental aid in air combat.*
Left, *a cutaway of the EF.2000.*
In the other page, *the impressive weaponry proposed for the EF.2000.*

A sinistra, *un operatore impegnato nell'utilizzo di un simulatore CT/IPS-E del sistema ASTA.* (R. Niccoli)
In basso, *la stazione di controllo del sistema di simulazione ASTA della base di Mòron.* (R. Niccoli)
Nella pagina a fianco, *l'ampia antenna del radar Captor ha un diametro di circa 70 cm.* (Eurofighter)

Left, *an operator taken during a training test on a CT/IPS-E simulator of the ASTA system.*
Below, *the control station of the ASTA simulator system at Mòron air base.*
In the other page, *the large antenna of the Captor radar is some 21 inches wide.*

Le prese d'aria sono di forma scatolata, poste in posizione ventrale sotto il muso. Il labbro inferiore è mobile per regolare e garantire il flusso d'aria ai motori anche ad alti AoA e in funzione del numero di Mach. Il carrello è il classico triciclo, con la gamba anteriore che si retrae all'indietro, sotto la presa d'aria, e le due gambe principali incernierate nell'ala.

Il velivolo è progettato per una vita utile di 6.000 ore di volo, pari a circa 25 anni di servizio. La cellula è per l'80% costruita in materiali compositi; circa il 70% della superficie bagnata (cioè esterna), e circa il 40% della massa strutturale sono realizzati in CFC (Carbon Fibre Composite). Ciò è dovuto all'avanzato livello di progettazione al computer e all'impiego di tecnologie d'avanguardia come la formatura superplastica e la saldatura per diffusione. Ala e fusoliera sono in carbonio; Canard, Flaperon e superfici esterne intorno agli scarichi sono in titanio; slat, raccordo ala-fusoliera e parte della deriva sono in leghe leggere di alluminio-litio; radome, deriva e parte della fusoliera sono in resine plastiche. In totale la cellula è più leggera di circa 1.500 Kg rispetto a una uguale ma costruita in modo convenzionale. Nonostante le forme spigolose, la cellula del Typhoon presenta anche caratteristiche stealth, grazie all'uso di materiali e rivestimenti radar assorbenti (RAM) nelle aree critiche e sul tettuccio. L'RCS (Radar Cross Section) totale è bassa.

Il **sistema propulsivo** è costituito da due motori turbofan Eurojet EJ200 bialbero con postcombustione (RH, Re-Heat), progettati, sviluppati e costruiti espressamente per il Typhoon. Il consorzio Eurojet è costituito da Rolls-Royce (Gran Bretagna), MTU (Germania), Avio (Italia) e ITP (Spagna). Il requisito tecnico di base richiedeva una potenza dell'ordine dei 90 kN (circa 20.000 libbre – 9.100 Kg), e in generale, viste le qualità di volo richieste al velivolo, imponeva un eccellente rapporto spinta/peso, la capacità di sopportare bruschi e continui movimenti della manetta motore senza limitazioni (carefree handling), consumi contenuti, specie in postcombustione, e capacità di "digerire" anche flussi d'aria distorti, generati dal volo in alti AoA. L'EJ200 presenta un elevato rapporto di compressione nei primi stadi del compressore e un rapporto di diluizione piuttosto basso. Per soddisfare le severe specifiche relative ai guasti per ore di funzionamento (non più di 10 ogni 1.000 ore), il motore presenta una concezione modulare ed è relativamente semplice: si compone in tutto di circa 1.800 componenti, circa 1.000 in meno dell'RB199 del Tornado. L'EJ200 è progettato per una vita utile di 6.000 ore (equivalenti a 30 anni di operazioni). Vi è un compressore transonico tristadio a bassa pressione e un compressore ad alta pressione a cinque stadi; la camera di combustione a elevata efficienza è di tipo anulare con bruciatori vaporizzatori. La turbina ad alta pressione ha un unico stadio, ed è dotata di palette raffreddate con l'avanzata tecnica detta "Film cooling". Il postbruciatore è radiale scanalato, con un sistema principale e uno supplementare per i bruciatori. L'adozione del labbro inferiore mobile nelle prese d'aria consente di evitare l'utilizzo di palette a geometria variabile nei primi stadi della ventola, semplificando e rendendo più robusto il motore. I compressori sono del tipo "Blisk", cioè montano palette integrali con il disco. Le turbine hanno invece palette monocristallo (Single Crystal) con barriere termiche. L'EJ200 monta, primo motore europeo, un ugello a sezione variabile convergente-divergente; esso è completamente modulabile in modo automatico. Il propulsore è dotato di una Digital Engine Control Unit (DECU) con Engine Health Monitoring Unit (EHMU) che è in grado di gestire l'unità nelle varie condizioni di funzionamento. Particolare interessante, può regolare la spinta a seconda delle condizioni "pace" o "guerra". Nel primo caso il motore non eroga tutta la spinta possibile, ma solo quella suffi-

The aircraft has been designed to have a useful life of 6,000 flying hours, equivalent to 25 years of service. Some 80% of the airframe is constructed from advanced materials; around 70% of the wet area (the outside), and around 40% of the structural mass are manufactured from CFC (Carbon Fibre Composite). This results from the advanced performance of the computer-assisted design and the use of avant-garde technologies such as super-plastic forming and diffusion welding. The wing and fuselage are in CFC; Canard, Flaperon and the external surfaces around the exhausts are in titanium; slats, wing root and parts of the fin are made from light aluminium-lithium alloy; the radome, fin, and parts of the fuselage are in plastic resin. In total, the airframe is around 1,500 Kg (3,300 lb) lighter than an identical structure constructed in a conventional manner. Despite its bulky form, the Typhoon airframe also offers stealthy characteristics, thanks to the utilisation of radar absorbing materials (RAM) and cladding in critical areas and on the canopy. Its total RCS (Radar Cross Section) is low.

The **propulsion system** is constituted by two Eurojet EJ200 two-spool turbofan engines with after-burner (RH, Re-Heat), designed, developed and manufacturer exclusively for the Typhoon by the Eurojet consortium, comprising Rolls-Royce (Great Britain), MTU (Germany), Avio (Italy) and ITP (Spain). The basic technical requirement called for power in the region of 90 kN (around 20,000 lbs – 9,100 Kg), and in general, given the flying qualities demanded of the aircraft, were to offer an excellent thrust/weight ratio, the capacity to support rapid and continuous movement of the throttle control without limitations (carefree handling), low fuel consumption, especially in afterburner, and the capacity to "digest" even distorted air flows generated by flight at high AoA. The EJ200 features an elevated compression ratio in the first stages of the compressor, and a notably low dilution ratio. To satisfy the severe specification in relations to faults per hour of operation (no higher than 10 every 1,000 hours), the engine is of modular conception and is relatively simple: in total it comprises around 1,800 components, around 1,000 less than the RB199 of the Tornado. The EJ200 was designed to have a useful life of 6,000 hours (equivalent to thirty years of operations). There is a transonic three-stage compressor and a five-stage high-pressure compressor; the combustion chamber delivers elevated efficiency, and is of the annular type with vaporising burners. The high-pressure turbine has a single stage, and is fitted with blades cooled by an advanced technique known as "Film cooling". The afterburner is radial grooved with one main and one supplementary system for the afterburners. The adoption of a mobile lower lip on the air intakes allows to avoid to utilise variable geometry blades in the first stages of the fan, simplifying the engine, and making it more robust. The compressors are of the "Blisk" type, with the blades integral with the disk. The turbines however have Single Crystal blades with thermal barriers. The EJ200 features, for the first time in a European engine, an exhaust with a variable convergent-divergent section; it is completely automatic in function. A Digital Engine Control Unit (DECU) with Engine Health Monitoring Unit (EHMU) is integrated with the engine, capable of managing the systems in their various functional conditions. Of note is the fact that it can regulate the thrust output according to the selection of a "peace" or "war" environment. In the first case the engine does not supply all the thrust possible, delivering only that sufficient to guarantee the performance of the weapon system as a whole, thereby increasing the useful life of the system. In

ciente a garantire le prestazioni del sistema d'arma, in modo da aumentare la vita utile del sistema. In condizione "guerra", invece, viene sfruttata tutta la potenza disponibile, ovviamente con un maggiore affaticamento del motore. La DECU può anche valutare l'anzianità di un motore in modo da mantenere costante la potenza erogata. In caso di emergenza, può anche fornire per pochi secondi un valore di "superpotenza" (circa 102 kN) senza danneggiare il motore (emergency/ combat override). L'EJ200 ha ricevuto in sede di progetto una capacità di crescita di circa il 15% (intervenendo su temperature, flussi e compressione), mentre il cuore del propulsore può sopportare eventuali futuri aumenti di potenza sino al 30%. Il consorzio ha realizzato 14 motori di sviluppo EJ200-01A, i primi dei quali hanno volato per la prima volta con il DA3, il 4 giugno 1995. I motori di preserie sono stati gli EJ200-03A, mentre il modello di serie è stato l'EJ200-3Z. Il modello finale di produzione è invece l'Mk.101. I 519 motori previsti con il contratto Tranche 2 disporranno di un unico Digital Engine Control and Monitoring Unit (DECMU) che sostituirà le precedenti quattro LRU che forniscono le funzioni di controllo e monitoraggio ai motori della Tranche 1.

L'abitacolo dell'EF.2000 è posto in posizione elevata rispetto al velivolo, e grazie all'ampio tettuccio trasparente e alla posizione alta del seggiolino rispetto al fianco della fusoliera offre una visibilità eccezionale in tutte le direzioni, limitata in misura assai poco rilevante verso il basso dalla posizione delle superfici canard. Il trasparente è diviso in due parti (parabrezza e tettuccio) per garantire la massima protezione al pilota in caso di impatto con volatili. Il pilota è assicurato a un seggiolino Martin Baker Mk.16A inclinato all'indietro di 18° e con capacità di lancio zero/zero. Può essere utilizzato a velocità sin oltre Mach 2 e sotto accelerazioni da – 3 a + 6 g. L'abitacolo è dominato dal concetto MMI (Man-Machine Interface), che si compone dei vari pannelli strumenti e comandi, del sistema di comandi vocali, del sistema Helmet Mounted Display, del sistema AIS (Attack and Information System), il tutto gestito da una Cockpit Information Unit (CIU) realizzata dalla Teldix GmbH. Il sistema MMI fornisce al pilota solo le informazioni di cui ha davvero bisogno nelle varie fasi del volo, senza soffocarlo con l'enorme mole di dati che viene raccolta da ogni sensore. Il sistema è stato sviluppato "dai piloti per i piloti", con un team di lavoro formato da piloti collaudatori e operativi forniti dai quattro paesi partner. Il pannello strumenti frontale è dominato dall'ampio Head-Up Display (HUD) di BAES Avionics con elevato campo di visuale di 35°x25°, che fornisce i consueti parametri di volo, e in più può proiettare anche il sistema di navigazione Terrain Profile Matching (TERPROM), le immagini dell'IRST PIRATE e i dati del Continuously Computed Impact Point (CCIP) in caso di utilizzo di armamento aria-suolo o il simbolo d'inseguimento di un missile in aria-aria. Sotto l'HUD si trova il display a led luminosi del Multi-function Information Distribution System (MIDS). Più sotto ancora si trovano i tre grandi schermi multifunzione a colori a cristalli liquidi AMLCD (Active Matrix Liquid Crystal Displays) di tipo raster da 15 cm, che sono compatibili con l'uso di Night Vision Goggles (NVG). Sugli schermi il pilota può richiamare le informazioni provenienti dal radar, la mappa di navigazione, lo status dei vari sistemi, la gestione armamenti, le check list, e altro. I dati relativi all'impianto motori e ad altri sottosistemi e impianti appaiono solo in determinati momenti del volo, o in caso di emergenza. I comandi principali, cloche al centro e manetta motori a sinistra, sono di tipo HOTAS (Hand On Throttle And Stick) e presentano dodici diversi interruttori ciascuno. Il velivolo è dotato anche di un sistema vocale DVI (Direct Voice Input), che consente al pilota di intervenire su 26 sistemi non critici. Il sistema EF.2000 prevede anche l'utilizzo di un casco HEA (Head Equipment Assembly), prodotto da BAES Avionics, che integra l'Helmet Mounted Sight (HMS – per l'ingaggio dei bersagli aria-aria con la direzione dello sguardo), il Night Vision Equipment (NVE) e il DVI. È previsto l'impiego dell'HMS in congiunzione con l'IRST e con i missili IRIS-T e AMRAAM.

Il cuore del Typhoon è certamente rappresentato dall'integrazione di tutti i **sistemi di combattimento e dell'avionica**. Con l'applicazione del concetto di "Sensor fusion", tutti i sottosistemi dialogano tra loro e forniscono al pilota un'immagine unica, integrata e semplificata della situazione tattica. Il sistema si articola su due data-bus STANAG NATO 3910 connessi tra di loro grazie a fibre ottiche che impiegano il software ADA e sono collegati a tutti i principali sottosistemi. Il sistemi di identificazione e attacco (AIS), il computer avionico e il computer di navigazione sono collegati a questo sistema. Altre funzioni (come armamenti, DASS, IFF, ecc.) sono gestite da cinque data-bus MIL-STD-1553B.

Il sensore principale del Typhoon è il **radar Captor**, in origine sviluppato come ECR-90 dal consorzio Eurorádar, creato da BAE Systems, EADS Defence Electronics, Fiar (oggi Selex

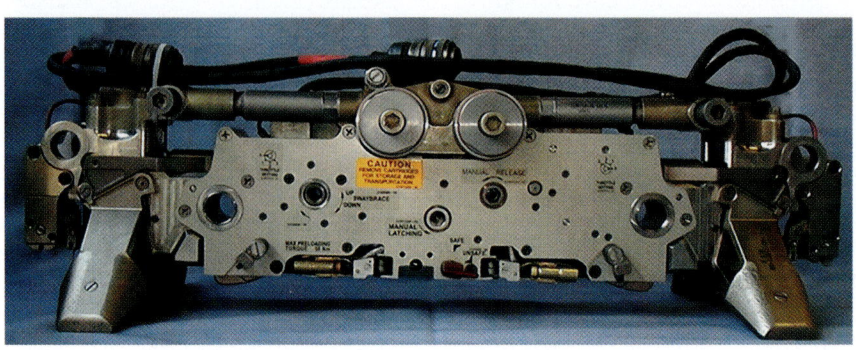

A sinistra, *il sensore del sistema IRST-FLIR PIRATE.* (SELEX Galileo)
A destra, *il seggiolino Mk.16Aè prodotto dalla Britannica Martin Baker.* (Martin Baker)
Nella pagina a fianco, in alto, *il motore turbofan Eurojet EJ200* (R. Niccoli) *e un primo piano dell'eiettore per piloni ALDERU prodotto da Aerea.* (Aerea)

Left, *the sensor of the IRST-FLIR PIRATE system.*
Right, *the Mk.16A ejection seat is produced by Martin Baker.*
In the other page, *the Eurojet EJ200 turbofan engine and a close-up of the ALDERU pylon ejector unit, produced by Aerea.*

"war" condition, however, the maximum power available is exploited, obviously with increased fatigue effects on the engine. The DECU can also evaluate the age of the engine in order to ensure that the power produced remains constant. In the case of an emergency, it can additionally provide a few seconds of a "superpower" value (around 102 kN) without damaging the engine (emergency/combat override). The EJ200 was designed with a built-in growth capacity of around 15% (with interventions to the temperature, flows and compression), while the heart of the engine can support possible future increases in power of up to 30%. The consortium assembled 14 development EJ200-01A engines, the first of which flew for the first time in DA3 on June 4, 1995. The pre-series engines were the EJ200-03A, while those installed in the production models are the EJ200-3Z, while the final production variant is the Mk.101. The 519 engines ordered under the Tranche 2 contract feature a single Digital Engine Control and Monitoring Unit (DECMU) which replaces the previous four LRU which supply the control and monitoring functions in the Tranche 1 engines.

The ***cockpit*** *of the EF.2000 is located in an elevated position on the aircraft, and thanks to the ample transparent canopy and the ejector seat positioned high in respect of the fuselage sides offers exception vision in all directions, with only very slight limitations in the down-looking field caused by the canard surfaces. The canopy is divided into two parts (windshield and opening canopy) to guarantee the maximum protection to the pilot in the case of a bird strike. The pilot sits on a Martin Baker Mk.16A ejector seat inclined 18° to the rear, featuring zero-zero launch capacity. It can also be used at speeds greater than Mach 2 and under – 3 to + 6 g conditions. The cockpit is dominated by the MMI (Man-Machine Interface) system, which is composed of the various instrument and control panels, the voice command system, Helmet Mounted Display, and AIS (Attack and Information System), all of which is managed by a Cockpit Information Unit (CIU) produced by Teldix GmbH. The MMI system supplies the pilot only with the information which is really essential to the various phases of flight, without overloading him with the enormous quantity of data which are gathered by every sensor. The system has been developed "by pilots for pilots", with a working group formed by test pilots and engineers provided by the four partner nations. The front instrument panel is dominated by the wide Head-Up Display (HUD) - provided by BAE Systems Avionics – with an elevated field of vision of 35°x25°. This presents the usual flight parameters, and can furthermore project the Terrain Profile Matching (TERPROM) navigation system, the imagery from the IRST-FLIR PIRATE, and data from the Continuously Computed Impact Point (CCIP) when using air-ground armament, or the tracking symbol for a missile while conducting air-to-air operations. Under the HUD can be found the luminous LED screen for the Multi-function Information Distribution System (MIDS). Further below are three large multi-function LCD colour AMLCD (Active Matrix Liquid Crystal Displays), raster scan displays which are compatible with the use of the Night Vision Goggles (NVG). On the screens the pilot can call up the information derived from the radar, the navigation map, the status of the various systems, the stores management page, and much else. Data relative to the engine systems and other sub-systems appears only at determined moments during the flight, or in the case of an emergency. The main controls, central column and power control on the left, are HOTAS (Hand On Throttle And Stick) type, and carry 12 different switches each. The aircraft is also fitted with a voice control system DVI (Direct Voice Input), which permits the pilot to intervene on 26 non-critical systems. The EF.2000 system design is predisposed for the use of a HEA (Head Equipment Assembly) helmet, produced by BAE Systems Avionics, which integrates the Helmet Mounted Sight (HMS – for the engagement of air-to-air targets in the line of sight), the Night Vision Equipment (NVE) and the DVI. It is intended to utilise the HMS in conjunction with the IRST-FLIR and the IRIS-T and AMRAAM missiles.*

The heart of the Typhoon is undoubtedly represented by the integration of all the ***avionics and combat systems****. With the application of the "Sensor fusion" concept, all the sub-systems communicate with each other, and provide the pilot with a single integrated and simplified picture of the tactical situation. The system is designed around two NATO 3910 STANAG data-bus connected by fibre optics which utilise the ADA software, and are connected to the principal sub-systems. The identification and attack system (AIS), the avionics computer and the navigation computer are connected to this system. Other functions (such as armament, DASS, IFF, etc.) are managed by five MIL-STD-1553B data-bus.*

The principal sensor in the Typhoon is the ***Captor radar****, originally developed as the ECR-90 by the Euroradar consortium, created by BAE Systems, EADS Defence Electronics, Fiar (today SELEX Galileo) and ENOSA. The system was developed on the basis of the Blue Vixen system from the Sea Harrier FA.2, but also is influenced by the Grifo project designed by Fiar. It is a coherent multi-mode Doppler sensor which operates in the I/J bands, between 8 and 12 GHz, and is capable of automatically modulat-*

Galileo) ed ENOSA. Il sistema è stato sviluppato prendendo come base il sistema Blue Vixen del Sea Harrier FA.2, ma trae radici anche dal progetto Grifo della Fiar. È un sensore multi-mode Doppler coerente che opera in banda I/J , tra gli 8 e i 12 GHz, ed è in grado di modulare la frequenza di ripetizione degli impulsi (PRF) in automatico tenendo conto della situazione tattica. Può passare quindi a basse PRF per la scoperta aria-aria sino ad alte PRF se è richiesta capacità Look-Down. L'antenna ha un diametro importante, di circa 70 cm, e una potenza media superiore a 1 kW, circa doppia rispetto al radar APG-65 dell'F/A-18. La scansione è meccanica azionata da quattro motori al samario-cobalto, particolarmente veloci e potenti. Il Captor è formato da sei Line Repleaceable Items (LRI) dotate di apparati BITE (Built-In Test Equipment), ed è dotato di un sofisticato sistema di contromisure elettroniche, detto EPM (Electronic Protection Measures). I mode di funzionamento sono ben 32, sia automatici che selezionabili dal pilota, aria-aria e aria-superficie, e il radar può essere asservito all'HMS del casco.

I velivoli Tranche 1 dispongono di un Captor con capacità SAR (Synthetic Aperture Radar) con indice di risoluzione di 1 metro, mentre quelli Tranche 2 permettono una risoluzione di 0,3 m; il radar è dotato di IFF con interrogatore e trasponder in Mode-S. Molti dati del Captor sono classificati, ma sembra che già i velivoli Block 2B dispongano di prestazioni migliori di quelle offerte dal radar dell'F-15 Eagle, con portate utili superiori a quelle del radar del Tornado F.3. Sembra che il Captor possa seguire sino a 20 bersagli contemporaneamente, e possa ingaggiarne sei.

In futuro, probabilmente nella Tranche 3, è probabile che il Captor sia dotato di antenna a scansione elettronica (AESA), che potrà essere retrofittata sui velivoli Tranche 2.

Altro importante sensore del Typhoon è il **PIRATE** (Passive Infra-Red Airborne Tracking Equipment), che integra un FLIR (Forward Looking Infra-Red) e un IRST (Infra-Red Search and Track). Il PIRATE è sviluppato dal consorzio Eurofirst, guidato da Selex Galileo con Thales Optronics e Tecnobit. Il sistema ha un'unica banda d'onda ed è derivato tecnologicamente dal sensore installato sul missile controcarro Trigat. Il PIRATE dispone di diversi campi visivi a seconda dell'impiego, dalla ricerca a lunga distanza (sembra sino a 150 Km) all'inseguimento di più bersagli, dalla navigazione all'atterraggio sino all'allarme per il lancio di un missile nemico. Il sistema può seguire sino a 200 bersagli simultaneamente e può funzionare anche come telecamera ottica. È un apparato passivo, quindi offre possibilità stealth, dato che in determinate situazioni permette di fare a meno dell'uso del radar. Il PIRATE non è adottato sui velivoli per Germania e Austria.

Gli altri sistemi avionici presenti a bordo sono il data-link MIDS/JTIDS 2 Link 16; il sistema IFF Mk.XII in mode 4 sviluppato da un consorzio formato da Selex Sistemi Iintegrati, EADS, Raytheon e Indra; il sistema di comunicazioni sicure VHF/UHF Saturn di Rhode & Schwarz; il sistema di navigazione satellitare GPS e la piattaforma di navigazione inerziale (INS) Laser LN93F del consorzio Eurolins (formato da Northrop Grumman Italia, Honeywell, BAE Systems e Indra), che vanta un errore di posizione pari a meno di un miglio nautico per ogni ora di volo e un errore di altitudine di 150 piedi.

Una descrizione a parte è necessaria per il sistema integrato di autoprotezione **DASS** (Defensive Aids Sub System), che si compone di un sistema ESM (Electronic Support Measures), un sistema ECM (Electronic Counter Measures), un ingannatore radar trainato TRD (Towed Radar Decoy), un MAW (Missile Approach Warning) e un sistema di Chaff e Flare. Il sistema è stato realizzato dal consorzio Eurodass, formato da BAE Systems, Elet-

ing its pulse repetition frequency (PRF) on the basis of the tactical situation. It can thus transition from low PRF for air-to-air detection up to high PRF if its Look-Down capacity is required. The antenna has a wide diameter, around 70 cm, and an average power greater than 1 kW, around double that of the APG-65 used in the F/A-18. Scanning is mechanical, driven by four Samario-Cobalt motors, particularly fast and powerful. The Captor is formed by six Line Replaceable Items (LRI) fitted with BITE (Built-In Test Equipment), and is equipped with a sophisticated system of electronic countermeasures, known as EPM (Electronic Protection Measures). There are some 32 functional modes, both automatic and pilot-selected, both air-to-air and air-to-surface, and the radar can be slaved to the HMS on the helmet.

The aircraft from Tranche 1 possess a Captor with SAR (Synthetic Aperture Radar) capability, with a resolution index of 1 metre (3 ft), while those from Tranche 2 will have a resolution index of 0.3 m (1 ft); the radar is fitted with an IFF with Mode-S transponder and interrogator. Much of the data relating to the Captor is classified, but it seems that already the Block 2B aircraft possess better performance than that of the radar installed in the F-15 Eagle, with useful ranges greater than that offered by the Tornado F.3 radar. It seems that the Captor can follow up to 20 targets simultaneously, and can engage six of them.

In the future, probably in Tranche 3, is it probably that the Captor could be fitted with an electronic scanning antenna (AESA), which could also be retrofitted to the aircraft from Tranche 2.

Another important sensor in the Typhoon is the ***PIRATE*** *(Passive Infra-Red Airborne Tracking Equipment), which integrates a FLIR (Forward Looking Infra-Red) and an IRST (Infra-Red Search and Track). The PIRATE was developed by the Eurofirst consortium, led by SELEX Galileo with Thales Optronics and Tecnobit. The system has a single wave band and is technologically derived from the sensors installed in the Trigat anti-tank missile. It offers different visual fields according to its use, from long-range search (seemingly up to 150 Km) to the tracking of multiple targets, from navigation to landing, and even an alert in the case of a hostile missile launch. The system can track up to 200 targets simultaneously, and can also function as an optical tv-camera. It is a passive apparatus, and therefore offers stealthy possibilities, given that in determined situations it allows the pilot to switch off the radar. PIRATE has not been adopted by the German and Austrian air forces.*

The other avionics systems on board are the MIDS/JTIDS 2 Link 16 data link; the mode 4 Mk.XII IFF developed by a consortium formed by SELEX Sistemi Integrati, EADS, Raytheon and Indra; the Rhode & Schwarz VHF/UHF Saturn secure communications system; the GPS sat-nav system, and the Laser LN93F inertial navigation system from the Eurolins consortium (formed by Northrop Grumman Italia, Honeywell, BAE Systems and Indra), which affords a position error factor equal to less than one nautical mile for every hour of flight, and an altitude error of 50 m (150 ft).

A separate description of the integrated ***DASS*** *(Defensive Aids Sub System) self-defence system is necessary: it comprises an ESM (Electronic Support Measures) system, an ECM (Electronic Counter Measures) system, a TRD (Towed Radar Decoy), MAW (Missile Approach Warning), plus Chaff and Flare dispensers. The system has been developed by the Eurodass consortium, formed by BAE Systems, Elettronica, EADS Defence Electronics and Indra. The ESM is the heir of the traditional RWR (Radar Warning Receiver), but differs from the old system as it is a true detection sensor which, probably, can detect electromagnetic emissions at ranges double that of the range of the Captor radar; it is constituted by numerous an-*

Dall'alto in basso, *i tre missili aria-aria a guida Infrarosso qualificati per il Typhoon: AIM-9L Sidewinder, AIM-132 ASRAAM, AIM-2000 IRIS-T.* (R. Niccoli)
Nella pagina a fianco, *il missile aria-aria a guida radar MBDA Meteor è oggetto di un programma di sviluppo che è iniziato nel 2003.* (Eurofighter)

From above, *the three IR guided air-to-air missiles qualified for the Typhoon: AIM-9L Sidewinder, AIM-132 ASRAAM, AIM-2000 IRIS-T.*
In the other page, *the MBDA Meteor air-to-air radar-guided missile is undergoing a development and test programme which started in 2003.*

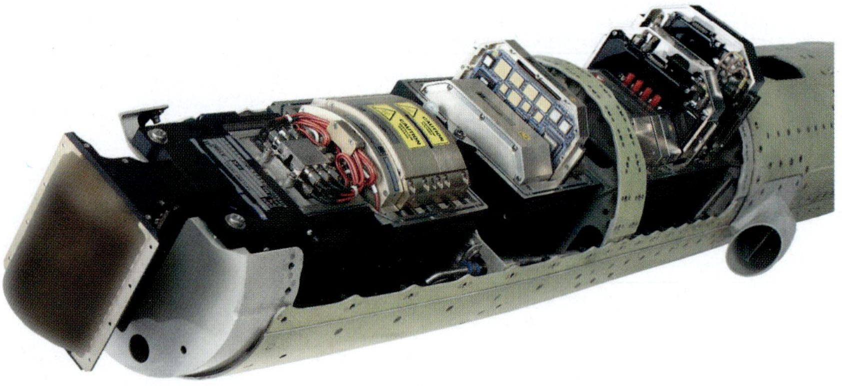

tronica, EADS Defence Electronics e Indra. L'ESM è l'erede del tradizionale RWR (Radar Warning Reciver), ma a differenza del vecchio sistema è un vero e proprio sensore di scoperta che, probabilmente, può rilevare emissioni elettromagnetiche a distanze doppie rispetto alla portata del radar Captor; è' costituito da numerose antenne disseminate sul velivolo e nel pod all'estremità alare sinistra. Le rilevazioni dell'ESM, che copre un range di frequenze da 100 mHz a 10 gHz, mettono in funzione l'ECM, che si articola su alcuni potenti trasmettitori destinati ad accecare i bersagli. Nel pod alare di destra si trova il jammer "Cross Eye" realizzato dalla Elettronica. Il TRD è un trasmettitore elettromagnetico collocato, in numero di due, nel pod situato all'estremità della semiala destra, che in caso di bisogno viene filato a trascinato a una certa distanza dal velivolo per ingannare i missili a guida attiva e semiattiva. Il MAW invece è un vero e proprio sistema radar pulse doppler con antenne nella radice dell'ala e nella parte posteriore della deriva che è in grado di scoprire i missili in avvicinamento al velivolo, innescando l'intervento automatico del DASS e avvisando il pilota. Infine il sistema Chaff e Flare (fornito da Saabtech e da Elettronica Aster) è formato dai classici lanciatori di IR Decoy e di Chaff posizionati in coda ai lanciatori subalari per missili e nelle carenature degli attuatori dei Flaperon. Dal punto di vista produttivo, il decoy trainato e il MAW sono realizzati dalla BAE Systems, il trasmettitore del MAW è di Elettronica e per il resto vi è una realizzazione congiunta. Il DASS per la RAF dispone anche di un Laser Warning System, sviluppato da Selex Galileo.

Per concludere esaminiamo **l'armamento** dell'EF.2000. Essendo nato come caccia da superiorità aerea, il Typhoon è stato da subito integrato con una serie di armi dedicate al combattimento aria-aria. Innanzi tutto l'armamento di lancio fisso è costituito dal cannone MauserWerke BK27 da 27mm (un arma già impiegata su Tornado e Gripen, e che in forma sviluppata sarà utilizzata sull'F-35), che si trova collocato nella radice della semiala destra, con la volata coperta da una protezione aerodinamica. Il cannone è alimentato da un serbatoio da 150 colpi, e ha una cadenza di fuoco di 1.700 colpi al minuto, pari a 5,35 secondi di fuoco continuato o a dieci/undici raffiche da mezzo secondo circa. Per il combattimento aereo sono stati integrati tre tipi di missili aria-aria a guida infrarosso: l'AIM-9L Sidewinder, l'ASRAAM e l'IRIS-T. Il primo missile è l'arma base di quasi tutti i velivoli da combattimento della precedente generazione, dal Tornado al Phantom, dall'F-16 all'F/A-18 e all'F-104. Pur essendo disponibile per tutti i paesi che adottano il Typhoon, il Sidewinder è ormai un missile a corto raggio inferiore agli altri due, e viene impiegato in seconda battuta. La prima scelta della RAF è rappresentata dall'MBDA AIM-132 ASRAAM, un sistema frutto di un programma multinazionale che è stato introdotto in servizio nel 2002. Il sensore IR del missile è stato sviluppato dalla Raytheon e ha formato la base di quello poi adottato sull'AIM-9X; può agganciare il bersaglio anche dopo il lancio, permettendo l'impiego in associazione con un Helmet Mounted Sight, e può essere guidato anche da sensori radar ed elettroottici. Italia, Germania e Spagna hanno optato invece per l'IRIS-T, un altro programma multinazionale che è entrato in servizio nel 2005 con gli EF.2000 tedeschi. L'IRIS-T (o AIM-2000), utilizzabile dai velivoli Block 2 in avanti, è dotato di un nuovo motore a razzo (realizzato da Avio e Nammo) che non lascia scie di fumo ed è dotato di ugello a spinta vettorabile. Il sistema di guida è costituito da un sensore IR progettato dalla BGT che permette sistemi di puntamento molto simili a quelli dell'ASRAAM. Northrop-Grumman Italia fornisce il sistema di navigazione inerziale, mentre la spoletta radar di prossimità è prodotta da Selex.

Le armi del Typhoon per il combattimento BVR (Beyond Visual Range) sono costituite dall'AIM-120 AMRAAM

A sinistra, *Eurofighter ha in sviluppo una versione AESA (Active Electronic Scanning Array) del radar Captor,denominata CAESAR, che ha volato per la prima volta con il velivolo DA5 l'8 maggio 2007.* (Eurofighter)
In alto, *componenti del sistema ECM del Typhoon prodotti dalla Elettronica.* (Elettronica)
Nella pagina a fianco, *suggestiva immagine del posto di pilotaggio di un Typhoon del 36° Stormo.* (Troupe Azzurra/AM)

Left, *Eurofighter develops an AESA (Active Electronic Scanning Array)version of the Captor radar (designated CAESAR), which flew for the first time in prototype DA5 on May 8, 2007.*
Above, *components of the ECM system of the Typhoon are produced by Elettronica.*
In the other page, a *"pilot's view" of the Typhoon cockpit.*

tennae disseminated around the aircraft and in a pod on the left wingtip. The indications of the ESM, which covers a range of frequencies from 100 mHz to 10 gHz, initiate the functions of the ECM, the core of which are several powerful transmitters capable of disturbing the targets. The starboard wing pod contains the "Cross Eye" jammer, produced by Elettronica. There are two TRD, electromagnetic transmitters, located in a pod situated at the tip of the starboard wing, which when required can be trailed out a certain distance from the aircraft on a wire to deflect active and semi-active guided missiles. The MAW, however, is a full pulse doppler radar system with an antenna in the wing root and another in the trailing edge of the fin, which are capable of detecting missiles approaching the aircraft, generating the automatic intervention of the DASS and warning the pilot. Finally, the Chaff & Flare system (supplied by Saabtech and Elettronica Aster) is formed by the classic IR Decoy and Chaff dispensers positioned at the rear of the under-wing missile launch rails and in the housings for the Flaperon actuators. From a production point of view, the towed decoy and the MAW are manufactured by BAE Systems, the MAW transmitter is from Elettronica, while the rest is a result of collaboration. The DASS for the RAF also features a Laser Warning System, developed by SELEX Galileo.

In conclusion the **armament** of the EF.2000 will be examined. Being conceived as an air superiority fighter, the Typhoon was quickly integrated with a series of weapons dedicated to air-to-air combat. First and foremost, the standard fixed armament comprises the MauserWerke BK27 27mm cannon (a gun utilised on the Tornado and Gripen, a developed form of which will be utilised on the F-35), which is located in the root of the starboard wing, the muzzle covered by an aerodynamic surface. The cannon is fed by a 150 round magazine and has a rate of fire of 1,700 rounds per minute, equivalent to 5.35 seconds of continuous fire or ten/eleven half-second bursts. For air combat, three types of infrared guided air-to-air missiles have been integrated: the AIM-9L Sidewinder, the ASRAAM, and the IRIS-T. The first missile is the basic weapon for all the combat aircraft of the former generations, from the Tornado to the Phantom, F-16 to F/A-18, and the F-104. Despite being available to all the air forces which have adopted the Typhoon, the Sidewinder by now is a short-range missile that is inferior to the other two, and would be used as a second option. The first choice of the RAF is represented by the MBDA AIM-132 ASRAAM, a system developed from a multi-national programme, and which was introduced into service in 2002. The missile's IR sensor was developed by Raytheon, and forms the basis for that subsequently adopted on the AIM-9X; it can acquire a target even after launch, permitting it use in conjunction with a Helmet Mounted Sight, and can be also guided by radar and electro-optical sensors. Italy, Germany e Spain have opted instead for the IRIS-T, another multi-national programme, which entered service in 2005. The IRIS-T (or AIM-2000), used by Block 2 aircraft and up, is fitted with a new rocket engine (developed by Avio and Nammo) which does not leave a smoke trail, and is fitted with a vectored thrust exhaust. Its guidance system is constituted by an IR sensor designed by BGT which enables the use of aiming systems very similar to those used by the ASRAAM. Northrop-Grumman Italia provides the inertial navigation system, while the radar proximity fuse is produced by SELEX.

The BVR (Beyond Visual Range) combat missiles available for use with the Typhoon are constituted by the AIM-120 AMRAAM and the MBDA Meteor. The Raytheon AIM-120 missile has been in service since 1991 and was already serving with all the countries of the consortium prior to the era of the EF.2000, flying on the Tornado F.3, F-4F Phantom, F-16 ADF and F/A-18 Hornet. The Typhoons of Block 1 and 2 can use the AIM-120B, while from Block 5 the more capable AIM-120C-5 has been integrated, a variant available on the market since 2000. The first AIM-120 was launched by prototype DA7 on May 17, 2001 over the Perdasdefogu range in Sardinia, while the first launch using the complete guidance system was conducted by DA4 on April 9, 2002. The AIM-120

Simulatori per l'addestramento: il sistema ASTA

Nell'ambito delle varie attività che è necessarie effettuare per poter disporre di reparti da combattimento aereo di prima qualità, la simulazione sta assumendo un ruolo sempre più importante. Consapevole di ciò, il consorzio Eurofighter ha dato vita al programma ASTA (Aircrew Synthetic Training Aids), un pacchetto addestrativo che si articola principalmente su due tipi di simulatori di volo, e su hardware e software ad essi associati. Entrambi i simulatori sono supportati da database, generatori di scenario e sistemi di debriefing, e riproducono fedelmente l'abitacolo e la strumentazione del velivolo.
Il simulatore completo è l'FMS (Full Mission Simulator), che dispone di un sistema visuale a 13 canali e di un sistema di proiezione dei bersagli a sei canali, in grado di fornire un perfetto campo visivo sui 360°. È dotato di un sistema di movimento e di tutto il software del velivolo; il pilota lo utilizza vestendo la combinazione di volo completa, compreso se disponibile il casco HEA.
Il CT/IPS-E (Cockpit Trainer/Interactive Pilot Station Enhanced) è più semplice, ha un sistema visuale a cinque canali e una stazione di controllo per l'istruttore di tipo semplificato. La sua funziona principale è quella di addestratore per procedure ed emergenze e di preparazione alle missioni con il FMS, ma può anche essere utilizzato come stazione interattiva in caso di missioni congiunte in rete. Entrambi i sistemi possono infatti essere collegati tra di loro via LAN/WAN, anche tra basi aeree diverse, per dare vita a missioni congiunte.
Per l'addestramento di base e per quello del personale di terra l'ASTA include anche i DTT (Desk Top Trainer), gli MST (Maintenance Simulator Trainer), i CESST (Crew Escape and Safety System Trainer), e altri equipaggiamenti.
Il sistema ASTA è stato realizzato dalle quattro aziende leader del programma e dal consorzio ESS (Eurofighter Simulation System), che comprende Selex Galileo, Thales, Indra, CAE e Rheinmetall Defense Electronics.
Il programma ASTA prevede al momento la realizzazione di 16 sistemi FMS e undici CT/IPS-E, distribuiti sulle basi di Coningsby (4 FMS e 2 CT/IPS-E), Leuchars (2 FMS e 2 CT/IPS-E), Laage (1 FMS e 1 CT/IPS-E), Neuburg (1 FMS e 1 CT/IPS-E), Wittmund (1 FMS e 1 CT/IPS-E), Noervenich (1 FMS e 1 CT/IPS-E), Grosseto (1 FMS e 1 CT/IPS-E), Gioia del Colle (2 FMS e 1 CT/IPS-E), Moròn (1 FMS e 1 CT/IPS-E), Albacete (1 FMS), Zeltweg (1 FMS).

e dall'MBDA Meteor. Il Raytheon AIM-120 è un missile in servizio ormai dal 1991 e veniva già utilizzato da tutti i paesi del consorzio prima dell'EF.2000, con i caccia Tornado F.3, F-4F Phantom, F-16 ADF e F/A-18 Hornet. I Typhoon Block 1 e 2 possono impiegare l'AIM-120B, mentre dal Block 5 è integrato il più capace AIM-120C-5, che è disponibile sul mercato internazionale dal 2000. Il primo AIM-120 è stato lanciato dal prototipo DA7 il 17 maggio 2001 sul poligono di Perdasdefogu, in Sardegna, mentre il primo lancio impiegando il sistema di guida completo è stato effettuato dal DA4 il 9 aprile 2002. L'AIM-120 può essere lanciato in modalità "short-range" (il radar del missile si attiva subito e si dirige sul bersaglio subito dopo il lancio), oppure in modalità "long-range" (il missile riceve le informazioni sul bersaglio dai sistemi del velivolo o via data-link prima del lancio, riceve aggiornamenti durante il volo, e quindi attiva il proprio sistema di guida nella fase terminale, eliminando la necessità di un Lock-on del radar del velivolo sino all'impatto). Anche il Meteor è frutto di un programma internazionale tra Gran Bretagna, Germania, Italia, Spagna, Francia e Svezia, per la realizzazione di un missile di nuova generazione in grado di sostituire l'AMRAAM. Il contratto è stato firmato nel 2000 e nel 2003 è iniziato il programma di sviluppo, della durata di otto anni. Il Meteor è dotato di un sistema di guida attiva con data-link a due direzioni, dispone di un motore a razzo a carburante solido, può ingaggiare più bersagli contemporaneamente a distanze maggiori e con maggiori probabilità di fare centro dell'AMRAAM.

L'EF.2000 è in grado di portare sino a dieci missili aria-aria, quattro tipo AIM-120 o Meteor in posizione semiannegata in fusoliera, più altri sei sotto le semiali, tipicamente altri due missili a medio raggio e quattro a corto raggio.

In funzione delle capacità multiruolo del velivolo, l'armamento aria-suolo sta assumendo sempre maggior interesse nel programma Eurofighter; il velivolo può portare carichi esterni sino a 7.500 Kg su 13 punti d'attacco (di cui tre "bagnati", a cui possono essere agganciati serbatoi supplementari supersonici da 1.000 litri). I primi test con armi aria-suolo sono stati effettuati a partire dal giugno 1999 con il velivolo DA3. Una prima capacità di attacco è presente già sui velivoli Block 5, che sono in grado di impiegare bombe a guida Laser Paveway II: GBU-10 da 2.000 libbre e GBU-16 da 1.000 libbre, più le Paveway II britanniche con corpo Mk.13/20 da 1.000 libbre. Per i suoi Block 5 la RAF ha richiesto una capacità aggiuntiva, l'integrazione del pod da designazione Laser Rafael Litening III, più le bombe Enhanced GBU-16 ed Enhanced Paveway II a doppia guida Laser e GPS.

Per il futuro altri sistemi verranno integrati sui velivoli Tranche 2 e 3. Dovrà essere scelto il pod da designazione definitivo, mentre verranno integrate anche le bombe Paveway III ed Enhanced Paveway III/IV, i missili stand-off Storm Shadow e Taurus e i missili controcarro Brimstone. Delle quattro forze aeree parte del consorzio, solo l'Aeronautica Militare al momento non ha in programma di impiegare il Typhoon come multiruolo. ❑

A sinistra, *la struttura del Full Mission Simulator del sistema ASTA installato sulla base di Mòron.* (R. Niccoli)
Nella pagina a fianco, *il prototipo britannico DA2 ripreso in configurazione aria-suolo, con un carico di missili anticarro Brimstone.* (Eurofighter)

Left, *the Full Mission Simulator dome of the ASTA system on the base at Mòron.* In the other page, *prototype DA2 in aria-to-ground configuration, with a full load of Brimstone anti-tank missiles.*

can be launched in "short-range" mode (the missile's radar is quickly activated and the missile heads off towards the target shortly after launch), or in "long-range" mode (the missile receives information on the target from the aircraft's systems or via a data-link prior to launch, receives updates during its flights, and thereby activates its own guidance system in the terminal phase, eliminating the requirement for a radar Lock-on from the aircraft until the point of impact). The Meteor is also the result of an international programme involving Great Britain, Germany, Italy, Spain, France and Sweden aimed at developing a new-generation missile capable of replacing the AMRAAM. The contract was signed in 2000 and the development programme was initiated in 2003, lasting some eight years. The Meteor is fitted with an active guidance system with bidirectional data-link, possesses a solid fuel rocket motor, is able to engage multiple targets simultaneously and long range, and has a greater strike probability than the AMRAAM.

The EF.2000 is capable of carrying up to ten air-to-air missiles, four of the AIM-120 or Meteor type in a semi-conformal recesses in the fuselage, plus a further six under the wings, typically another two medium range missile and four short-range missiles.

In parallel with the multi-role capability of the aircraft, the air-ground armament is attracting increasingly major interest in the Eurofighter programme; the aircraft can carry up to 7,500 Kg (16,535 lb) of external stores on 13 attachment points (of which three are "wet", capable of accepting 1,000 litre supersonic supplementary fuel tanks). The first tests with air-ground weapons commenced in June 1999 using aircraft DA3. An initial attack capability is already present on Block 5 aircraft, which are capable of using laser-guided Paveway II bombs, 2,000 lb GBU-10, and 1,000 lb GBU-16, plus the British Paveway II with an Mk.13/20 1,000 lb body. For its Block 5 the RAF has requested additional capability, integration of the Rafael Litening III laser designation pod, plus the Enhanced GBU-16 Paveway II bombs with dual Laser and GPS guidance.

In the future, further systems will be integrated into the Tranche 2 and 3 aircraft. A definitive designation pod has yet to be identified, while the Paveway II and Enhanced Paveway III/IV, stand-off Storm Shadow and Taurus missiles, and anti-tank Brimstone missiles will also be integrated with the systems. Of the original four air arms served by the consortium, only the Italian Air Force has no plans at present to utilise the Typhoon as a multi-role platform. ❑

Simulators for training: the ASTA system

In the panorama of activities which are necessary to enable the deployment of air combat units of the highest quality, simulation is assuming an increasingly important role. In this light, the Eurofighter consortium has given life to the ASTA (Aircrew Synthetic Training Aids) programme, a training package which is centred principally around two types of flight simulator and the hardware and software associated with the systems. Both simulators are supported by a database, scenery generators, and debriefing systems, and faithfully reproduce the cockpit and instrumentation of the aircraft.

The complete simulator is the FMS (Full Mission Simulator), which possesses a thirteen channel visual system and a six channel target projection system, capable of providing a perfect 360° field of vision. It is equipped with full motion capability and all the software from the aircraft; the pilot "flies" it wearing the complete flying kit, including where applicable the HEA helmet.

The CT/IPS-E (Cockpit Trainer/Interactive Pilot Station Enhanced) is simpler, with a five channel visual system and a simplified instructor's station. Its main function is to enable the pilot to practice procedures and emergency responses, and to prepare mission with the FMS, but it can also be utilised as an inter-active station in the case of missions conducted jointly over the network. Both systems can, in fact, be linked through via LAN/WAN, even at air bases of different nations, to enable the conduct of simulated joint missions.

For basic training and for ground personnel training the ASTA also includes the DTT (Desk Top Trainer), a MST (Maintenance Simulator Trainer), a CESST (Crew Escape and Safety System Trainer), and other equipment.

The ASTA systems was developed by the four lead agencies in the programme in conjunction with the ESS (Eurofighter Simulation System) consortium, which includes SELEX Galileo, Thales, Indra, CAE and Rheinmetall Defense Electronics.

At present the ASTA programme is intended to supply 16 FMS systems and 11 CT/IPS-E, distributed between the bases at Coningsby (4 FMS and 2 CT/IPS-E), Leuchars (2 FMS and 2 CT/IPS-E), Laage (1 FMS and 1 CT/IPS-E), Neuburg (1 FMS and 1 CT/IPS-E), Wittmund (1 FMS and 1 CT/IPS-E), Norvenich (1 FMS and 1 CT/IPS-E), Grosseto (1 FMS and 1 CT/IPS-E), Gioia del Colle (2 FMS and 1 CT/IPS-E), Moròn (1 FMS and 1 CT/IPS-E), Albacete (1 FMS), Zeltweg (1 FMS).

In servizio con l'Aeronautica Militare

La storia dell'Eurofighter EF.2000 nella fila dell'Aeronautica Militare ha ufficialmente inizio il 10 giugno 2003, quando la Forza Armata accetta formalmente il primo velivolo da essa ordinato, e cioè il biposto IPA2 (PT002), che riceve la matricola militare sperimentale MMX.614. Questa è la prima macchina di produzione di serie, che viene comunque modificata con l'installazione di strumentazione di test e destinata al proseguimento delle attività di sperimentazione presso Alenia Aeronautica, soprattutto per quanto riguarda gli armamenti aria-suolo e il missile aria-aria MBDA Meteor.

Il 19 febbraio 2004 fu poi accettato il velivolo IT001 (MM.55092), il primo di serie a tutti gli effetti. Questo avrebbe dovuto essere consegnato al 1° RMV di Cameri per dare inizio alle attività addestrative On Job Training (OJT), ma per motivi organizzativi fu invece deciso di lasciare il velivolo a Caselle, dove le prime aliquote del personale del 4° Stormo avrebbero compiuto il corso manutentivo sul velivolo. La prima macchina ad essere consegnata a un reparto operativo fu così l'IT002 (MM.55093), che fu accettata a Caselle e atterrò presso il 4° Stormo di Grosseto alle 10:30 del 16 marzo 2004. Questo storico volo non fu effettuato (come da tradizione) dal comandante di Stormo, ma dal Magg. Lorenzo De Stefano, del Reparto Sperimentale, e dal Gen.S.A. Pasquale Garriba, comandante la Squadra Aerea. Già nel pomeriggio di quello stesso giorno, il velivolo effettuò la sua prima missione addestrativa, con il Magg. Daniele Picco ai comandi e il Magg. Lorenzo De Stefano come istruttore. Nelle settimane successive giunsero altri due velivoli: l'MM.55095 (il 1° aprile) e l'MM.55094 (l'8 aprile), che permisero allo stormo l'inizio del programma di addestramento al volo dei primi piloti. In questa prima fase di introduzione in servizio non era ancora stato costituito il 904° GEA (Gruppo Efficienza Aeromobili) di Grosseto, e i primi velivoli erano stati assegnati al 9° Gruppo. Per questo motivo tre dei primi quattro EF.2000 assegnati ricevettero codici con numerazione bassa ("4-1", "4-3", "4-4"), tradizionalmente assegnati al 9° Gruppo, mentre una sola macchina (l'MM.55095) fu codificata "4-23", un codice del 20° Gruppo per riconoscere anche "visivamente" all'altro gruppo volo dello Stormo la partecipazione e l'impegno profuso nel programma. In effetti, sin dal 2002, ben prima dell'arrivo dei primi Eurofighter, il 4° Stormo aveva assunto un'organizzazione mista e flessibile, destinata a gestire sia l'uscita dalla linea degli ultimi F-104, sia l'introduzione del nuovo Eurofighter. Il 9° Gruppo, assieme a personale tecnico e piloti del 20° Gruppo e del 4° RMV, era stato destinato ad occuparsi delle attività connesse con il nuovo caccia, mentre il 20° Gruppo, anche in questo caso con personale misto, provvedeva a gestire le ultime attività relative allo Starfighter, compresi i tur-

In apertura, *formazione di otto Eurofighter del 4° Stormo ripresi sulla costa grossetana, nel settembre 2008.* (4° Stormo)
Nella pagina a fianco, in alto, *il primo volo di un Typhoon di serie per l'Aeronautica Militare (velivolo IT001) avvenne il 14 febbraio 2003.* (Alenia A.)
In basso, *l'IT001 (ancora con la matricola sperimentale CSX.55092) ripreso a Caselle il 30 maggio 2003.* (R. Niccoli)

Above, *formation of eight Eurofighters from 4° Stormo over the Tuscany coast, in September 2008.*
In the other page, above, *the first flight of a series Typhoon for the Italian Air Force (aircraft IT001) occurred on February 14, 2003.* Below, *aircraft IT001 (still wearing the experimental military serial CSX.55092) taken at Caselle on May 30, 2003.*

In service with the Aeronautica Militare

The story of the Eurofighter EF.2000 service with the Aeronautica Militare (Italian AF) officially commen ced on June 10, 2003, when the force formally accepted the first of the aircraft it had ordered, two-seat version IPA2 (PT002), which was assigned a M.M. (Matricola Militare - military serial) from the experimental range, MMX.614. This was the first series production aircraft, albeit modified with the installation of test instrumentation, and was destined to continue trials activities with Alenia Aeronautica, above all involving development of the air-ground armament and the MBDA Meteor air-to-air missile.

On February 19, 2004 it was the turn of aircraft IT001 (MM.55092) to be accepted, the first true series production aircraft. This aircraft should have been delivered to the 1° RMV at Cameri to initiate On Job Training (OJT) activities, but for organisational reasons it was decided to leave the aircraft at Caselle, where the initial groups of personnel from the 4° Stormo were completing their maintenance courses. The first aircraft to be delivered to an actual operational unit was therefore IT002 (MM.55093), which was accepted at Caselle and landed with the 4° Stormo at Grosseto at 10:30 on March 16, 2004. This historic flight was not conducted (as was the tradition) by the Wing Commander, but by Maj. Lorenzo De Stefano, from the Test Wing, and Gen. Pasquale Garriba, the Commander of the Squadra Aerea. As early as the afternoon of the same day, the aircraft performed its first training mission, with Maj. Daniele Picco at the controls and Maj. Lorenzo De Stefano as instructor. In the following weeks another two aircraft joined the unit: MM.55095 (April 1) and MM.55094 (April 8), allowing the Stormo to initiate the flying training programme for its first pilots. In this early phase of the fighter's service introduction, the 904° GEA (Gruppo Efficienza Aeromobili – Maintenance Squadron) had yet to be established, and the first aircraft were assigned to the 9° Gruppo. For this reason, three of the first four EF.2000 assigned received codes with low numbers ("4-1", "4-3", "4-4"), traditionally allocated to aircraft of the 9° Gruppo, while a single aircraft (MM.55095) was coded "4-23", a 20° Gruppo aircraft code, issued to recognise visibly the significant and essential involvement of the other Gruppo of the Stormo in the programme. In effect, commencing in 2002, well ahead of the arrival of the first Eurofighter, the 4° Stormo had assumed a mixed and flexible organisational structure, intended to manage both the retirement from service of the final F-104, and the introduction of the new Eurofighter. The 9° Gruppo, together with technical personnel and pilots of the 20° Gruppo and 4° RMV, was entrusted with the activities connected with the new fighter, while the 20° Gruppo, also in this case using mixed personnel, was assigned the role of managing the final operations relative to the Starfighter, including standing QRA on behalf of the Servizio di Sorveglianza dello Spazio Aereo (SSSA – National Airspace Surveillance Service). During October 2003 the first four pilots (Maj. Picco of the 9° Gruppo and Capt. Amort, Cardullo and Sgarzi from the 20° Gruppo) and the first group of engineers commenced the first conversion course onto the Typhoon at Caselle. The engineers followed the Aircraft Manager, Crew Chief, airframe engineer, engine technician, electrical system engineer, avionics, and armament technician courses, lasting some two to three months. The

ni di allarme per lo svolgimento del Servizio di Sorveglianza dello Spazio Aereo (SSSA). Nel mese di ottobre 2003 i primi quattro piloti (il Magg. Picco del 9° Gruppo e i Cap. Amort, Cardullo e Sgarzi del 20° Gruppo) e il primo gruppo di specialisti iniziarono a Caselle i primi corsi di transizione sul Typhoon. I tecnici seguirono i corsi per Aircraft Manager, Crew Chief, specialisti della cellula, del motore, degli impianti elettrici, dell'avionica e dell'armamento, della durata di due-tre mesi. I piloti effettuarono invece la Ground School, per circa sei settimane, e quindi attesero la consegna dei primi velivoli per iniziare l'attività di volo iniziando a impostare il lavoro per la stesura dei primi manuali d'impiego dell'Eurofighter. Le prime transizioni basiche furono effettuate a Grosseto, grazie alla disponibilità dei primi tre velivoli, dal 16 marzo al 4 agosto 2004. A fungere da istruttori furono due piloti collaudatori del Reparto Sperimentale Volo da tempo assegnati al programma, il già citato Magg. De Stefano e il Cap. Matteo Maurizio. Queste transizioni si articolavano su sei missioni, di cui la quarta notturna e l'ultima solista. Completate le transizioni, dalla fine del maggio 2004 i primi quattro piloti seguirono il Basic Instructor Corse (BIC), un programma di circa 35 ore di volo destinato a qualificarli istruttori di EF.2000. Il BIC comprendeva anche una fase di Basic Fighter Maneuvers (BFM, con ingaggi uno contro uno - 1v1) e una di Air Combat Maneuvers (ACM, con ingaggi 2v1 e 2v2), una di intercettazioni radar e una di rifornimento in volo.

Questi primi quattro piloti istruttori iniziarono quindi a porre le fondamenta dei futuri corsi di conversione operativa, e iniziarono anche a porre in essere i primi "Senior Course", cioè i corsi di transizione basica per quei piloti che dovevano solo acquisire il passaggio macchina, ma non erano destinati a divenire piloti istruttori o piloti operativi; i primi "Senior Course" furono svolti a favore del Comandante di Stormo, Col. Alberto Rosso, e dei due Comandanti di Gruppo, T.Col. Porcedda e Magg. Balestri, e poi del Col. Vittorio Iannotta, Comandante del 4° Stormo dal 7 luglio 2004.

I primi corsi, ognuno di soli quattro piloti in modo da rispettare un adeguato rapporto proporzionale tra piloti qualificati e ore di volo disponibili, furono strutturati intorno al syllabus del BIC, giudicato sufficiente a qualificare piloti comunque esperti, già Combat Ready su F-104 o addirittura su altri caccia più avanzati, come F-16, F/A-18 e Mirage 2000. In effetti, in previsione dell'entrata in servizio del Typhoon, sin dall'inizio degli anni 2000 l'Aeronautica aveva inviato alcuni tra i migliori piloti della linea caccia a com-

A destra, *il primo EF.2000 per il 4° Stormo (MM.55093) giunse in volo a Grosseto scortato dai due F-104 special colour dello Stormo.* (Troupe Azzurra/AM)
Nella pagina a fianco, in alto, *il velivolo IPA2 (MMX.614) ripreso ancora privo di verniciatura nel corso dei uno dei primi voli, nella primavera 2002.* (Alenia A.)
In basso, *il primo Typhoon di serie (IT001) ripreso a Caselle durante la presentazione ufficiale, il 25 ottobre 2002, quando ancora portava l'erronea matricola MMX.7235.* (R. Niccoli)

Right, *the first EF.2000 assigned to the 4° Stormo (MM.55093) was escorted to the base by the two special colour F-104 of the Wing.*
In the other page, above, *aircraft IPA2 (MMX.614) still lacking the final painting taken during one of the first flights, in spring 2002.* Below, *The first series Typhoon (IT001) taken at Caselle during an official ceremony, on October 25, 2002, still wearing the wrong military serial MMX.7235.*

pilots, however, completed Ground School in around six weeks, and then waited for the delivery of the first aircraft to commence flying activities, accumulating the experiences which would be inserted into the content of the first operational manuals for the Eurofighter. The first basic type conversions were conducted at Grosseto, thanks to the availability of the first three aircraft, between March 16 and August 4, 2004. The instructors were two test pilots from the Test Wing who had for some time been assigned to the programme, the aforementioned Maj. De Stefano and Capt. Matteo Maurizio. These type conversions were built around six missions, or which the fourth was a night sortie, with the final mission being flown solo. On completion of the transition, from the end of May 2004 the first four pilots underwent the Basic Instructor Course (BIC), a programme of around 35 flying hours intended to qualify them as EF.2000 instructors. The BIC also included a phase of Basic Fighter Manoeuvres (BFM, with one-versus-one engagements - 1v1) and an Air Combat Manoeuvres phase (ACM, with 2v1 and 2v2 engagements), one radar interception mission and one in-flight refuelling mission.

These first four operational pilots then began to lay the foundations for the future operational conversion courses, and also began to bring forward the first "Senior Courses", the basic transition courses for those pilots who had merely to undergo type conversion but were not destined to serve as instructor pilots or operational pilots; the first "Senior Course" was held on behalf of the Wing Commander, Col. Alberto Rosso, and the two Squadron Commanders, Lt. Col. Porcedda and Maj. Balestri, and subsequently for Col. Vittorio Iannotta, who took over command of the 4° Stormo on July 7, 2004.

The first courses, each restricted to four pilots in order to maintain an adequate ratio between qualified pilots and available flying hours, were structured around the syllabus of the BIC, considered sufficient to qualify already expert pilots, either Combat Ready on the F-104 or on even more advanced fighters, such as the F-16, F/A-18 and Mirage 2000. In effect, in the light of the impending service entry of the Typhoon, since the beginning of the millennium the Aeronautica Militare had detached some of the best pilots from its fighter force onto Duty Exchange with allied air forces, in order to acquire significant experience of aircraft of a far more modern generation than that of the venerable Starfighter.

In parallel with the flying activities, and given the delays in the installation of the flight simulator systems at the Grosseto base, the qualified pilots were initially obliged to transfer to Caselle once a month to undergo the requisite sessions in the simulator.

Despite the restricted number of aircraft available, in 2004 4° Stormo was quickly able to record a high utilisation rate for the Typhoon. The first 100 sorties (with two aircraft available) had already been flown by the beginning of July 2004, and by the year end (when there were five aircraft in the fleet) some 370 hours had been flown. In actual fact, despite the many doubts, the availability demonstrated by the Typhoon, so very new and complex, was truly remarkable, and greater than the highest expectations of the pilots and engineers. Technical support for the flying operations of the Stormo was furnished, under the BOSS (Batch One Support System) contract, by Alenia Aeronautica and Avio. The two firms maintained around 40 engineers at Grosseto between the start of operations and December 31, 2006, assuming full responsibility for the serviceability of the aircraft in place of the military personnel. In practice, the aircraft were taken on charge by the 4° Stormo prior the every flight, and after the landing were returned to the control of the manufacturer. The engineers of the Stormo obviously closely followed the maintenance and inspection activities performed by their civilian counterparts, in order to undergo both a further period of OJ Training and to exercise a function of control. Thanks to this system it was possible to enhance the experience of the military engineers and simultaneously deliver an excellent fleet availability rate. The successive operational milestones reached by the 4° Stormo were the first 500 flying hours achieved on March 29, 2005, and the first 1,000 flying hours on October 19, 2005. On occasion of the celebration of the first 1,000 hours, on October 31, Defence Minister Antonio Martino flew a familiarisation sortie in a Typhoon. Meanwhile, on April 1, 2005 the 904° GEA was created, formed with personnel from the 4° RMV and the Technical Services of the 9° and 20° Gruppo. On April 19, 2005, flown by Col. Iannotta, the first single seat example IS002 (MM.7270) was delivered to the 4° Stormo, receiving code"4-20". Because the aircraft of production Tranche 1 were delivered in differing configuration standards, the Italian AF and Alenia had for some time already agreed a upgrading programme aimed at bringing the air-

piere dei Duty Exchange presso le forze aeree alleate, in modo da maturare significative esperienze su velivoli di generazione ben più moderna del vecchio "Spillone".

In parallelo con l'attività di volo, e visti i ritardi di realizzazione del sistema di simulazione di volo presso la base di Grosseto, i piloti qualificati furono inizialmente costretti a trasferirsi a Caselle una volta al mese per effettuare le necessarie sessioni al simulatore.

Nonostante le poche macchine a disposizione, nel 2004 il 4° Stormo fu in grado di registrare fin da subito un elevato utilizzo dei velivoli. Le prime cento sortite (con due velivoli disponibili) furono raggiunte già all'inizio del luglio 2004, e per il 31 dicembre (quando erano in linea cinque velivoli) erano state volate ben 370 ore. In effetti, nonostante i tanti dubbi, l'efficienza dimostrata dal Typhoon, così nuovo e complesso, fu davvero notevole e superiore alle migliori aspettative di piloti e tecnici. Il supporto tecnico alle operazioni di volo dello Stormo era fornito, grazie al contratto BOSS (Batch One Support System), dall'Alenia Aeronautica e dalla Avio. Le due aziende hanno mantenuto circa 40 tecnici a Grosseto dall'inizio dell'attività sino al 31 dicembre 2006, assumendo la piena responsabilità dell'efficienza dei velivoli al posto del personale militare. In pratica, i velivoli venivano presi in carico dal 4° Stormo prima di ogni volo, e dopo l'atterraggio ripassavano sotto la responsabilità della ditta. Gli specialisti dello Stormo seguivano ovviamente le attività di ispezione e manutenzione a fianco dei tecnici civili, in modo da svolgere sia un'ulteriore periodo di addestramento OJT, sia una funzione di controllo. Grazie a questo sistema è stato così possibile far "crescere" l'esperienza degli specialisti militari e allo stesso tempo garantire un ottimo rateo di efficienza della linea. I successivi traguardi operativi raggiunti dal 4° Stormo furono le prime 500 ore di volo il 29 marzo 2005, e le prime 1.000 ore di volo il 19 ottobre 2005. In occasione della celebrazione delle prime 1.000 ore, il 31 ottobre il Ministro della Difesa Antonio Martino effettuò un volo dimostrativo su un Typhoon. Intanto, il 1° aprile 2005 fu costituito il 904° GEA, formato con il personale del 4° RMV e dei Servizi tecnici del 9° e 20° Gruppo. Il 19 aprile 2005, portato in volo dal Col. Iannotta, fu consegnato al 4° Stormo il primo esemplare monoposto, l'IS002 (MM.7270), che ricevette il codice "4-20". Poiché i velivoli della Tranche 1 di produzione erano prodotti con diversi standard di configurazione, l'Aeronautica e l'Alenia avevano già concordato da tempo un programma di aggiornamento dei velivoli a un unico livello di configurazione. Nel giugno 2005 iniziarono le attività di Retrofit R1 con l'arrivo a Caselle dei biposto MM.55093 e 55097.

Un momento di grande importanza per l'Aeronautica e anche per il programma Eurofighter fu registrato il 16 dicembre 2005, quando per la prima volta due EF.2000 del 4° Stormo montarono d'allarme per il primo turno di Servizio SSSA. Questa fu una prima assoluta per tutti e quattro i paesi del consorzio. Alla fine del 2005 il 4° Stormo aveva ormai ricevuto sette esemplari monoposto e sette biposto.

Il primo impiego ufficiale di tipo operativo per la linea Eurofighter fu registrato a partire dal 10 febbraio 2006, quando il nuovo caccia fu destinato, in concorso con velivoli F-16, MB.339 ed elicotteri HH-3F, a partecipare all'operazione "Jupiter 02/2006",

Sopra, *due immagini dell'arrivo del primo EF.2000 al 4° Stormo (velivolo MM.55093), giunto a Grosseto il 16 marzo 2004. Da sinistra il Gen.D.A. Tommaso Ferro, il Magg. Lorenzo De Stefano, il Gen. S.A. Pasquale Garriba, e il Col. Alberto Rosso.* (Troupe Azzurra/AM)

Above, *two photos of the arrival of the first EF.2000 at the 4° Stormo, on March 16, 2004. From left, Gen.D.A. Tommaso Ferro, Maj. Lorenzo De Stefano, Gen. S.A. Pasquale Garriba, and Col. Alberto Rosso.*

craft to a single configuration standard. June 2005 saw the initiation of R1 retrofit activity, with the arrival at Caselle of two seats MM.55093 and 55097.

An important milestone for the Aeronautica Militare, and also for the Eurofighter programme, occurred on December 16, 2005, when for the first time two EF.2000 of the 4° Stormo were assigned to their first QRA alert duty as part of the SSSA air defence service. This was an absolute first amongst all the four participants in the consortium. By the conclusion of 2005 the 4° Stormo had received seven single seat and seven two seats aircraft.

The first official operational utilisation of the Eurofighter fleet was conducted with effect from February 10, 2006, when the new fighter was tasked, in cooperation with F-16 and MB.339 aircraft and HH-3F helicopters, with participating in Operation "Jupiter 02/2006", providing the air defence service over Piemonte during the course of the 2006 Turin Winter Olympic Games. From May 8, the EF.2000 took part for the first time in an international exercise, "Spring Flag 2006", which was held at the Decimomannu base in Sardegna. Participation was limited, however to a pair of aircraft which, operating from their home base at Grosseto, conducted support missions as "Red Air", simulating the basic operations of MiG-29 aircraft operated by a hostile air force.

On May 2, 2006 the S3LOG consortium (formed by the Elsag-Datamat and Vitrociset companies) won the contract to provide five years of Operational and Logistic Support for the Eurofighter aircraft. In June 2006, following the introduction of a permanent directive from the Italian AF Air Staff (relative to the Mission Design Series and Popular Name for all the service's aircraft), the Eurofighter EF.2000 of the Aeronautica Militare were officially assigned the military designation F-2000A (for the single seats) and TF-2000A (for the two seats), retaining the Popular Name of Typhoon.

On July 13, 2006 Col. Iannotta left the command of the 4° Stormo to Col. Vincenzo Nuzzo. On October 9, 2006 the F-2000 fleet performed its first deployment away from base, when four aircraft were sent tot Decimomannu for two weeks to participate in air-to-air operations over the ACMI (Air Combat Manoeuvring Instrumentation). During 2006, the 4° Stormo received another six F-2000A and a single TF-2000A from the manufacturer.

The year 2007 contained further major achievements for the Typhoon fleet. On December 31, 2006 the BOSS con-

A sinistra, *il Col. Alberto Rosso, Comandante il 4° Stormo, e il Gen.S.A. Giorgio Bertolaso, classe 1918, il più alto in grado tra gli anziani del 4° Stormo, alla cerimonia di consegna del primo EF.2000 al IX Gruppo caccia, il 29 marzo 2004.*
In alto, *si "bagna" la consegna del primo Typhoon al IX Gruppo.* (R. Niccoli)

Left, *Col. Alberto Rosso (4° Stormo Commander), and Gen.S.A. Giorgio Bertolaso, the highest rank and oldest member of 4° Stormo, at the ceremony of delivery of the first EF.2000 to the IX Gruppo, on March 29, 2004.*
Above, *the traditional toast at the delivery of the first EF.2000 to the IX Gruppo.*

A sinistra, *il simulatore E-ACPT3 installato presso il XX Gruppo a Grosseto, realizzato da Alenia Aeronautica e SELEX Galileo.* In basso, *il primo monoposto consegnato al 4° Stormo fu l'MM.7270 (IS002), il 19 aprile 2005, che ricevette il codice "4-20".* (R. Niccoli)

Left, *the E-ACPT3 simulator, operated by the XX Gruppo at Grosseto, and produced by Alenia Aeronautica and SELEX Galileo.* Below, *the first EF.2000 single seater assigned to the 4° Stormo was MM.7270 (IS002), on April 19, 2005, which was coded "4-20".*

per fornire il servizio di difesa aerea sul Piemonte nel corso dei Giochi Olimpici Invernali di Torino 2006. A partire dall'8 maggio, gli EF.2000 presero parte per la prima volta a un'esercitazione internazionale, la "Spring Flag 2006", che si tiene sulla base di Decimomannu. La partecipazione fu comunque limitata a una coppia di velivoli che, operando dalla base madre di Grosseto, effettuarono missioni di supporto come "Red Air", simulando attività basica di velivoli MiG-29 operati da una forza aerea nemica.

Il 2 maggio 2006 il consorzio S3LOG (formato dalle aziende Elsag-Datamat e Vitrociset) si aggiudicò il contratto di cinque anni per il Supporto Operativo Logistico del velivolo Eurofighter. Nel giugno 2006, a seguito dell'introduzione di una direttiva permanente dello Stato Maggiore Aeronautica (relativa ai Mission Design Series e ai Popular Name di tutti i velivoli), gli Eurofighter EF.2000 dell'Aeronautica ricevettero ufficialmente la designazione militare di F-2000A (per i monoposto) e di TF-2000A (per i biposto) conservando il Popular Name di Typhoon.

Il 13 luglio 2006 il Col. Iannotta lasciò il comando del 4° Stormo al Col. Vincenzo Nuzzo. Il 9 ottobre 2006 la linea F-2000 effettuò il suo primo rischieramento fuori sede, quando quattro velivoli vennero inviati a Decimomannu per due settimane per lo svolgimento di attività aria-aria presso il poligono ACMI (Air Combat Maneuvering Instrumentation). Nell'arco del 2006, il 4° Stormo ricevette in consegna da Alenia Aeronautica altri sei F-2000A e un TF-2000A.

Il 2007 fu un anno di grandi avvenimenti per la linea Typhoon. Con il 31 dicembre 2006 giunse al termine il contratto BOSS e dal 1° gennaio 2007 fu il personale del 904° GEA che iniziò a gestire in toto la linea; nonostante la scarsità di personale (appena 180 persone qualificate sul Typhoon) il reparto fu in grado di produrre nel solo anno ben 2.650 ore di volo.

Con il gennaio 2007 si registrò anche l'introduzione del nuovo iter addestrativo per i piloti. A questo scopo il 20° Gruppo OCU mise a punto un syllabus unico per tutti i frequentatori che, grazie alle deroghe consentite dalle direttive dello Stato Maggiore, può essere ridotto nei tempi e nelle missioni in funzione del livello professionale e delle esperienze di ciascun pilota. Così, ad esempio, un giovane che giunge a Grosseto direttamente dalle scuole di volo dovrà svolgere il syllabus in tutta la sua interezza, mentre all'estremo opposto un pilota già esperto Combat Ready su F-16 potrà godere di uno "sconto" sino al 70% nelle missioni da svolgere.

Sopra, *il primo impegno operativo per i Typhoon italiani fu l'operazione "Jupiter 02/2006", in cui furono inclusi nell'apparato di difesa delle Olimpiadi invernali di Torino 2006. (Troupe Azzurra/AM).*
In basso, *il primo Typhoon operativo dell'AM, MM.55093, con il codice "4-1", assegnato il 29 marzo 2004.* (R. Niccoli)

Above, *the first operational committment of the Italian Typhoons was the participation to Operation "Jupiter 02/2006", the defence of the Winter Olympic Games 2006 in Turin.*
Below, *the first operational EF.2000, MM.55093, coded "4-1" on March 29, 2004.*

tracted was completed and from January 1, 2007 it was the personnel of the 904° GEA who took over the complete management of the fleet; despite the shortage of personnel (just 180 people qualified on the Typhoon) the unit was able to deliver in one year alone some 2,650 flying hours.

Also in January, a new training syllabus for the pilots was introduced. To this end the 20° Gruppo OCU perfected a single syllabus for all the frequenters which, thanks to the conditions of the directives published by the Air Staff, allowed a reduction in timescale and mission numbers as a function of the professional and experience level of each pilot. So, for example, a new pilot who arrives at Grosseto straight out of flying school must complete the syllabus in its entirety, while at the other end of the scale an expert Combat Ready pilot coming from an F-16 unit is afforded a reduction of up to 70% in the number of training sorties required.

The Ground School lasts five to six weeks, subdivided into classroom lessons and simulator missions, and was conducted at Caselle with Alenia Aeronautica. The flying training is divided into two main phases. The first concerns training in the mission profiles necessary for the delivery of the SSSA air defence mission and operations like the "Jupiter" task, intended to provide air protection to specific areas on the occasion of sensitive events. This phase is split into three blocks: 1) conversion onto the aircraft (dual control flights, first solo flight, and day and night sorties, totalling around ten flying hours over seven missions); 2) the block known as "Radar to Radar" (which covers training in the use of the radar system in the conduct of autonomous interception missions, completed with the visual identification of the target, and requires around twelve missions) and finally 3) the segment called "Combat" (which focuses on the management of emergency situations involving a single aircraft, such as

La Ground School ha una durata di cinque-sei settimane, suddivise tra lezioni teoriche e uso del simulatore, e veniva effettuata presso Alenia Aeronautica a Caselle. L'attività di volo è suddivisa in due aree principali. La prima area riguarda l'addestramento a profili di missione necessari per l'espletamento del Servizio SSSA e delle operazioni tipo "Jupiter", cioè destinate alla protezione aerea di specifiche aree in occasione di eventi sensibili. Questa fase è suddivisa a sua volta in tre blocchi: 1) la transizione sul velivolo (voli a doppio comando, il decollo solista, sortite diurne e notturne per un totale di circa sette missioni e dieci ore di volo); 2) il blocco detto "Radar to Radar" (che prevede l'addestramento all'impiego del sistema radar nella conduzione di intercettazioni in modo autonomo, che si completano con l'identificazione visiva del bersaglio, e si svolge nell'arco di dodici sortite) e infine 3) il blocco detto "Combat" (che comprende la gestione delle situazioni di emergenza da parte di un singolo velivolo, quali quelle che possono crearsi in caso di defezione di un velivolo straniero o di aggressione da parte di un velivolo non identificato). La seconda area addestrativa, riguarda le operazioni in tempo di guerra, e prevede lo sviluppare di attività destinate a conseguire e mantenere la superiorità aerea su una zona assegnata con l'impiego di una formazione di quattro velivoli, nonché l'effettuazione di missioni tipo Defensive Counter Air (DCA). Al termine di questa seconda fase (che ha una durata di circa 20 sortite) il pilota viene qualificato Pronto al Combattimento Limitato (PCL – corrispondente alla vecchia Limited Combat Ready), e viene assegnato al gruppo di destinazione, dove con altre dieci missioni circa (di tipo Offensive Counter Air, Escort e Sweep) raggiungerà la PC (Full Combat Readiness). In totale l'intero corso di conversione ha una durata media di dieci mesi e di circa 70-80 sortite di volo. Nell'ambito di questo iter, i TF-2000A vengono largamente impiegati non solo per la fase iniziale (le prime sei sortite del blocco di transizione) ma anche all'inizio di ogni nuovo blocco addestrativo e in ogni fase in cui vi è un incremento delle difficoltà. Nel 2007 il 20° Gruppo ha tenuto tre corsi di conversione, per un totale di 14 piloti qualificati. Dal 2008 sono in programma due corsi completi all'anno, ciascuno per sei piloti, più corsi ridotti per piloti già PC. Gli istruttori del 20° Gruppo vengono formati grazie all'organizzazione di corsi dedicati che si articolano, per la parte di volo, su una ventina di sortite volate dal posto posteriore del TF-2000A. Ad ogni modo, i piloti dell'OCU mantengono le proprie qualifiche di Pronto al Combattimento, svolgono turni di allarme QRA, e una parte dell'attività di volo del Gruppo è destinata all'effettuazione di attività operative (quali esercitazioni e corsi TLP), proprio per far sì che le conoscenze professionali degli istruttori siano sempre le più aggiornate possibili. Per il futuro, l'intenzione è quella di far sì che il 20° possa svolgere anche i compiti di una Weapon Conversion Unit, in modo da sviluppare tecniche e tattiche di combattimento a favore di tutta la linea Eurofighter.

In alto, *il velivolo MM.7282 ("4-15") ripreso all'atterraggio a Decimomannu durante l'esercitazione "Spring Flag 2007", il primo vero rischieramento fuori sede di una cellula operativa di Typhoon italiani.* (R. Niccoli)
Nella pagina a fianco, *il velivolo IPA2 operato dall'Alenia ripreso a Decimomannu nell'ottobre 2006 con un carico di sei bombe a guida Laser da 1,000 libbre, durante un ciclo di prove di flutter con armamenti aria-suolo.* (A. Mocchetti)

Above, *aircraft MM.7282 ("4-15") taken while landing at Decimomannu, during exercise "Spring Flag 2007", the first deployment of an Italian Typhoon operational team.*
In the other page, *aircraft IPA2 operated by Alenia taken at Decimomannu in October 2006 loaded with six 1,000 lb Laser Guided bombs, during a series of flutter tests with air-to-ground weapons.*

Nell'aprile 2007 si registrò anche la consegna al 1° RMV di Cameri del primo velivolo (MM.55095, "4-23") destinato a svolgere l'ispezione maggiore delle 400 ore (IP400) in Forza Armata. Per il 1° RMV, che stava ancora addestrando il personale, si trattò di un'attività molto delicata, che richiese un fermo macchina superiore a quella che sarà la media futura.

Nel maggio 2007, la linea Typhoon incontrò il suo primo vero banco di prova con la partecipazione attiva all'esercitazione "Spring Flag", che la vide protagonista assoluta. Innanzi tutto l'esercitazione rappresentò il primo vero rischieramento di una cellula operativa lontano dalla base madre

those which could be created in the case of the defection of a foreign aircraft or aggression by an unidentified aircraft). The second training area covers operations in periods of war, and involves the development of activities aimed at delivering and maintaining air superiority over an assigned zone with the utilisation of a formation of four aircraft, as well as the conduct of Defensive Counter Air (DCA) missions. At the conclusion of this second phase (which requires around 20 sorties) the pilot is qualified as Pronto al Combattimento Limitato (PCL – corresponding to the old Limited Combat Ready), and is posted to his or her final destination squadron, where, with a further ten or so missions (such as Offensive Counter Air, Escort and Sweep) PC (Full Combat Readiness) is achieved. In total, the entire conversion course has an average duration of ten months and should involve 70-80 flying sorties. Within the syllabus, the TF-2000A is widely used, not only in the initial phase (the first six sorties of the conversion block) but also at the beginning of each new training segment, and in very phase which involves an increase in difficulty. In 2007 the 20° Gruppo provided three conversion courses, producing a total of 14 qualified pilots. From 2008 two full course are scheduled for each year, each delivering six new pilots, plus short courses for Combat ready pilots. The instructors of the 20° Gruppo are trained through the organisation of dedicated courses which are constructed, in terms of flying, around twenty sorties flown from the rear seat of the TF-2000A. Throughout their training, the OCU pilots retain their own PC qualifications, taking their turns on QRA duty, and a part of the Gruppo's flying activity is centred on the conduct of operational activities (such as exercises and TLP courses), ensuring that the professional and operational core skills of the instructors are kept as up to date as possible. For the future, the intention is to make the 20° also a Weapon Conversion Unit, enabling the development of combat techniques and tactics for the entire Eurofighter fleet.

April 2007 saw the delivery to the 1° RMV at Cameri of the first aircraft in the Air Force (MM.55095, "4-23") scheduled to undergo a major 400 hours inspection (IP400). For the 1° RMV, which was still in the process of training its personnel, this was a highly demanding operation, calling for an aircraft down-time that would be greater than that predicted for the future.

In May 2007, the Typhoon force encountered its first real capability test with participation in Exercise "Spring Flag", which saw it emerge as the prime participant. Moreover, the exercise represented the first real deployment of an operational cell away from their home base for an extended period of time. The requirement was to support six aircraft for around two weeks of the exercise, which was followed by another two weeks permanence at Decimomannu to undertake routine ACMI activities. Even though during these two periods the aircraft were rotated through the base at Grosseto, the success of the operation was clearly evident, such that the ratio of planned sorties and completed missions was almost 100%.

Apart from the radar, another system which achieved full maturity during 2007 was the MIDS (Multifunction Information Distribution System), which permits the pilot, through the famous "Sensor fusion", to have complete control of the tactical situation, and thereby to achieve decisive superiority in information. On June 13, 2007 at Grosseto the first single seat example completed to the Block 5 standard was delivered (MM.7285, which received code "4-16"); this model introduced new capabilities, and can be visually identified by the presence of the hardware from the PIRATE IRST-FLIR (Infra Red Search and Track – Forward Looking Infra Red) system.

In respect of armament, commencing in Spring 2007 the majority of the F-2000 in service have been able to utilise the new IRIS-T infra-red guided missile, which for the moment accompany the AIM-9L Sidewinder as short range weapons. In reality comparison with the old "Lima" is not really fair. The IRIS-T is a much more capable missile than the Sidewinder in terms of range of action, the capacity of its sensors, and its resistance to electronic countermeasures. When the new helmet featuring the Helmet Mounted Display (HMD) becomes available, it will be usable also for launching the IRIS-T (as well as the other weapons), and at this point it will be possible to really understand and begin to exploit the new potentials offered by the weapon system. Furthermore, with the Block 5 production examples it is also possible to utilise the medium range AIM-120C-5 missile, which offers much greater performance and improved capabilities in respect to those of the already remarkable AIM-120B initially adopted.

2007 also saw the completion and the continuation of much important work on

per un significativo periodo di tempo. Si trattò di supportare sei velivoli per le circa due settimane dell'esercitazione, a cui fecero seguito altre due settimane di permanenza a Decimomannu per l'effettuazione del turno di ACMI. Sebbene durante questi due periodi i velivoli fossero ruotati con la base di Grosseto, il successo dell'operazione fu comunque evidente, tanto che il rapporto tra sortite pianificate e sortite realmente effettuate fu quasi del 100%. Oltre al radar, un altro sistema che nel 2007 entrò nella fase di maturità fu il MIDS (Multifunction Information Distribution System), che permette al pilota, attraverso la famosa "Sensor fusion", di avere completamente sotto controllo la situazione tattica, e quindi di godere rispetto agli avversari di una superiorità informativa decisiva. Il 13 giugno 2007 venne consegnato a Grosseto il primo esemplare monoposto allo standard Block 5 (MM.7285, che ricevette il codice "4-16"); questo modello introduceva nuove capacità ed è distinguibile visivamente per la presenza dell'hardware del sistema IRST-FLIR (Infra Red Search and Track – Forward Looking Infra Red) PIRATE.

Dal punto di vista dell'armamento, a partire dalla primavera 2007 la maggior parte degli F-2000 in servizio può utilizzare i nuovi missili a guida infrarosso IRIS-T, che per il momento si vanno ad affiancare agli AIM-9L Sidewinder quali armi a corto raggio. In realtà il paragone con i vecchi "Lima" non è molto calzante. L'IRIS-T è un missile ben più capace del Sidewinder, sia in termini di raggio d'azione, sia in termini di capacità del sensore di guida e resistenza alle contromisure elettroniche. Quando sarà disponibile il nuovo casco dotato di Helmet Mounted Display (HMD) e utilizzabile anche per il lancio dell'IRIS-T (oltre che per le altre armi), allora si potranno realmente comprendere e mettere in pratica le nuove potenzialità offerte dal sistema d'arma. In più, con gli esemplari del Block 5 di produzione è possibile impiegare anche i missili a medio raggio AIM-120C-5, che garantiscono prestazioni e capacità ben maggiori dei già notevoli AIM-120B inizialmente adottati.

Il 2007 vide anche il completamento o il proseguimento di molte importanti lavori sulla base di Grosseto. Innanzi tutto, nel mese di gennaio furono inaugurati i nuovi soft shelter, il complesso di dieci ricoveri coperti che costituisce la linea di volo dello Stormo. Qui i velivoli che sono destinati all'attività di volo giornaliera sono ricoverati giorno e notte, grazie alla presenza di ampi portali anteriori e posteriori. Nel mese di ottobre furono completati i nuovi magazzini MSA, e sempre nel 2007 ebbero finalmente inizio i lavori per la costruzione dell'edificio che ospiterà il simulatore ASTA completo, che dovrebbe essere consegnato nel 2010. All'inizio del 2008 fu poi consegnato il nuovo hangar del GEA e nel primo trimestre dell'anno furono completati i nuovi raccordi tra l'hangar e la pista, nonché il rifacimento del piazzale antistante il vecchio hangar del 4° RMV. Il nuovo BOC (Base Operation Centre), designato ufficialmente SPBF (Semi-Protected Base Facility) fu anch'esso completato nel 2008, permettendo così lo svolgimento della prima Valutazione delle Capacità Operative (VCO) a cui è stato sottoposto lo Stormo nel mese di giugno. Questa precede la NATO OPEVAL (Operational Evaluation) che è prevista nel 2009.

In alto, *i primi quattro F-2000A del 36° Stormo giungono a Gioia del Colle, il 1° ottobre 2007, scortati da due velivoli del 4° Stormo.* (36° Stormo)
Nella pagina a fianco, sopra, *davanti al primo F-2000A del 12° Gruppo, da sinistra, il T.Col. Vito Cracas, il Gen.S.A. Daniele Tei, il Col. Antonio Conserva, il T.Col. Paolo Trevisanut e il Magg. Cristiano Tartaglione.* (Troupe Azzurra/AM); in basso, *il Gen.S.A. Daniele Tei, allora Comandante la Squadra Aerea, saluta il Magg. Tartaglione.* (Troupe Azzurra/AM)

Above, *the first four F-2000A of 36° Stormo arrive at Gioia del Colle, on October 1, 2007, escorted by two aircraft from 4° Stormo.*
In the other page, *in front of the first F-2000A of the 12° Gruppo, from left Lt.Col. Vito Cracas, Gen.S.A. Daniele Tei, Col. Antonio Conserva,Lt.Col. Paolo Trevisanut, and Maj. Cristiano Tartaglione.* Below, *Gen. S.A. Daniele Tei greets Maj. Tartaglione.*

Nel 2007 anche il 36° Stormo iniziò il riequipaggiamento della propria linea di volo. Il 12° Gruppo, da tempo predestinato ad essere il terzo gruppo a passare sul Typhoon, potè iniziare nel novembre 2006 a inviare i suoi primi quattro piloti a Grosseto per l'effettuazione della Ground School, a cui fece seguito, a partire dal gennaio 2007, l'attività sul simulatore a Caselle e quindi l'inizio dell'attività di volo vera e propria presso il 20° Gruppo. Nel frattempo, a partire dall'autunno 2006 erano partiti i lavori di ammodernamento delle strutture della base di Gioia del Colle. Poiché nella fase ini-

the Grosseto infrastructure. Above all, in the month of January the new soft shelters were inaugurated, a complex of ten covered bays which constitute the flight line of the Stormo. These house the aircraft that are programmed to fly by day or by night, thanks to the presence of wide front and rear doors. In October the new MSA depot was completed, while 2007 also finally saw the start of work on the building which will accommodate the complete ASTA simulator, scheduled to be finished in 2010. At the beginning of 2008 the new GEA hangar was handed over, while in the first quarter of the year the new taxiway between the hangar and runway was completed, as well as the resurfacing of the apron outside the old 4° RMV hangar. The new BOC (Base Operation Centre), officially designated SPBF (Semi-Protected Base Facility) was also completed in 2008, thereby permitting the unit to undergo its first Valutazione delle Capacità Operative (VCO – Operational Capacity Evaluation), to which the Stormo was subjected during June. This precedes the NATO OPEVAL (Operational Evaluation), which is scheduled for 2009.

In 2007 it was also the turn of the 36° Stormo to begin to re-equip its flight line. The 12° Gruppo, for some time identified as the third squadron destined to convert onto the Typhoon, was able, in November 2006, to send its first four pilots to Grosseto to complete the Ground School, which was followed, beginning in January 2007, with simulator activity at Caselle and then the start of real flying operations with the 20° Gruppo. In the meantime, Autumn 2006 saw the start of work to modernise the infrastructure of the base at Gioia del Colle. As it was decreed that in the initial stages of the programme the 4° Stormo would receive priority in respect of deliveries, at least until the entire Stormo had been fully re-equipped and achieved complete operational readiness, the 12° Gruppo would not take delivery of the latest and most advanced Block 5 examples, but instead received four "second hand" single seat Block 2 examples (MM.7271, 7272, 7273 and 7276), with which it commenced flying operations at Gioia on October 1, 2007. Since August 2007 in fact, the 12° Gruppo had contributed to the QRA force at the Grosseto base, with an average of two pilots serving for one week every two or so months.

Unfortunately, due to technical and contractual reasons, between the end of Tranche 1 deliveries and the beginning of deliveries from Tranche 2, there were more than eight months of gap, which impacted negatively on the 12° Gruppo. The unit was forced to fly for a good part of 2008 with only the four aircraft initially assigned, plus another two which arrived in March 2008. On March 6, 2008, in fact, MM.7279 (formerly "4-4") arrived from Grosseto, and received the code "36-21", while a few days later, MM.7235 (the former "4-6") flew in from Cameri, where it had just completed an IP400, and took up the code "36-04". Two of the Gruppo's MB.339CD remained on charge of the unit at Gioia until May 15, 2008, ensuring that there was sufficient flying available for those pilots who had yet to undergo conversion onto the Typhoon. In this initial phase of 36° Stormo re-equipment, the unit continued to rotate through the 4° Stormo in order to ensure close contact between the pilots for the exchange of experience and the conduct of joint training, and to draw on the maintenance experience matured by the 904° GEA.

At the end of 2007 the Typhoon fleet registered a further important step in the operational career of the aircraft: its first participation in a NATO Tactical Leadership Programme (TLP) course. Between November 19, and December 14 (Course 2007-6) two pilots and two aircraft from the 9° Gruppo were involved in all the series of ground based and airborne training connected with the international TLP package, and in particularly in 15 mixed missions of Air Defence, Escort, Sweep, Offensive and Defensive

ziale del programma il 4° Stormo godeva della priorità nelle assegnazioni, almeno sino al raggiungimento del pieno riequipaggiamento e della prontezza operativa di tutto lo Stormo, il 12° Gruppo non ricevette in consegna gli ultimi e più avanzati esemplari Block 5, ma invece quattro esemplari monoposto Block 2 "di seconda mano" (MM.7271, 7272, 7273 e 7276), con cui iniziò le attività di volo a Gioia a partire dal 1° ottobre 2007. Dall'agosto 2007 il 12° Gruppo ha contribuito a fornire l'allarme QRA sulla base di Grosseto, con una media di due piloti per una settimana ogni due mesi circa.

Purtroppo, per motivi tecnico-contrattuali, tra la fine delle consegne della Tranche 1 e l'inizio di quelle della Tranche 2 intercorsero oltre otto mesi di intervallo, che andarono a sfavore proprio del 12° Gruppo, che dovette continuare a volare per buona parte del 2008 con le sole quattro macchine inizialmente assegnate, più altre due che giunsero nel marzo 2008. Il 6 marzo arrivò infatti da Grosseto l'MM.7279 (ex-"4-4") che ricevette il codice "36-21", mentre pochi giorni dopo, ritirato direttamente da Cameri dove era stato sottoposto alla IP400, giunse l'MM.7235 (ex "4-6"), che prese il codice "36-04". Due MB.339CD del gruppo rimasero assegnati a Gioia sino al 15 maggio 2008, in modo da permettere il proseguimento di una sufficiente attività di volo a quei piloti non ancora qualificati sul Typhoon. In quella fase iniziale di riequipaggiamento del 36° Stormo, il reparto continuò a gravitare sul 4° Stormo, sia per mantenere stretti contatti tra i piloti per lo scambio di esperienze e per l'effettuazione di attività congiunte, sia per appoggiarsi alle esperienze manutentive maturate dal 904° GEA.

A fine 2007 la linea Typhoon registrò un'altra pietra miliare nella carriera operativa del velivolo: la prima partecipazione a un corso del NATO Tactical Leadership Programme (TLP). Dal 19 novembre al 14 dicembre (corso 2007-6) due piloti e due velivoli del 9° Gruppo furono impegnati in tutta la serie di attività didattiche a terra e in volo che fanno parte del pacchetto istruzionale del TLP, in particolare 15 missioni miste tra Difesa aerea, Escort, Sweep, Offensive e Defensive Counter Air. Fu invece appannaggio del 12° Gruppo la prima missione all'estero con quattro velivoli, quando il 4 dicembre fu raggiunta la base di Coningsby per un addestramento congiunto con i Typhoon della RAF.

Dal punto di vista amministrativo, la fine delle consegne dei velivoli della Tranche 1 di produzione veniva raggiunta il 14 febbraio 2008, con l'arrivo a Grosseto del velivolo MM.55130 ("4-33"), che completava il totale complessivo di 18 monoposto F-2000A e dieci biposto TF-2000A accettati dalla Forza Armata. A differenza di quanto previsto in origine, infatti, per venire incontro alle esigenze di esportazione verso l'Austria, un monoposto italiano (l'IS015, MM.7283, assieme a undici esemplari tedeschi, a due britannici e a uno spagnolo) veniva costruito da EADS e assegnato all'aeronautica di Vienna in cambio di una macchina in più per l'Italia nella Tranche 2. Per quanto riguarda le attività di aggiornamento tecnico della linea, dal 16 aprile 2007, con l'arrivo dell'MM.55128 ("4-26") a Caselle, i velivoli della Tranche 1 iniziavano ad essere inviati in ditta per ricevere il pacchetto di modifiche retrofit R2, che li portava allo standard Block 5.

Nel mese di marzo 2008, la linea Eurofighter era anche protagonista dalla prima importante esercitazione dedicata al nuovo caccia. Dal 10 al 14 marzo, infatti, la base spagnola di Moròn de la Frontera, sede dell'Ala 11, ospitava il "Typhoon Meet", prima attività addestrativa comune tra i velivoli delle quattro forze aeree partecipanti al programma. L'esercitazione, nata per iniziativa spagnola, era l'occasione per sperimentare le capacità operative del velivolo contro forze opposte di notevole consistenza e qualità, e allo stesso tempo permetteva ai piloti e ai tecnici lo scambio di esperienze, conoscenze e "trucchi", in modo da mettere a punto in modo ancora migliore tattiche di combattimento e tecniche di utilizzo del sistema d'arma. Non solo, essa permetteva anche di verificare le possibilità di rischieramento su una base operativa lontana (del tipo "operazione fuori area") con tempi di preavviso ridotti. Al Typhoon Meet partecipavano il 9° e il 12° Gruppo con due velivoli a testa e un totale di sei piloti e cinque tecnici.

A sinistra, *il Col. Achille Cazzaniga.*
In basso a sinistra, *il Col. Vittorio Iannotta, il Gen.S.A. Giulio Mainini (allora Comandante la Squadra Aerea) e il Gen.B.A. Pietro Valente.*
In basso a destra, *il Magg. Andrea Truppo, il Gen. S.A.Ristori e il Col. Enzo Nuzzo.*

Left, *Col. Achille Cazzaniga.*
Below left, *Col. Vittorio Iannotta, Gen.S.A. Giulio Mainini (then Commander of the Squadra Aerea) and Gen.B.A. Pietro Valente.*
Below right, *Maj. Andrea Truppo, Gen.S.A. Ristori and Col. Enzo Nuzzo.*

Counter Air. It was, however, the 12° Gruppo which flew the first four-aircraft deployment overseas, when on December 4 visited RAF Coningsby to conduct joint training with the local Typhoons.

From an administrative point of view, the conclusion of deliveries of the aircraft from production Tranche 1 was achieved on February 14, 2008, with the arrival at Grosseto of MM.55130 ("4-33"), bringing the overall total accepted by the service to 18 single seat F-2000A and ten two seat TF-2000A. As opposed to what was originally envisaged, in fact, to take account of the requirement to facilitate exports of the aircraft to Austria, an Italian single seat (IS015, MM.7283, together with 11 German, two British, and one Spanish aircraft) were diverted to the Austrian air force in exchange for an additional aircraft for Italy being produced in Tranche 2. In respect of the activities concerned with the technical upgrading of the fleet, from April 16, 2007, with the arrival of MM.55128 ("4-26") at Caselle, the aircraft of Tranche 1 began to arrive at the manufacturer to receive the package of R2 retrofit modifications, intended to bring them all to Block 5 standard.

In the month of March 2008, the Eurofighter force was also a protagonist in the first important exercise dedicated to the new fighter. From March 10 till 14, in fact, the Spanish base at Moròn de la Frontera, the home of Ala 11, housed the "Typhoon Meet", the first common training activity arranged between the aircraft of the four nations participating in the programme. The exercise, a Spanish initiative, was the occasion to experiment the operational capabilities against opposing forces of significant consistence and quality, and at the same time allowed the pilots and engineers to exchange experience, knowledge, and "tips" in order to improve further the combat tactics and utilisation techniques for the weapon system. Not only, it also permitted the verification of the ability to deploy to a distant operational base (as in "out of area operations") with minimal warning times. Typhoon Meet saw the participation of the 9° and 12° Gruppo with two aircraft each, and a total of six pilots and five engineers.

Few days later, between April 1 and 18, 2008 at Decimomannu was held Exercise "Spring Flag 2008", in which took part four aircraft from the 9° Gruppo and three from the 12° Gruppo. In this case, the Eurofighters provided the "heart" of the air superiority component for the coalition forces, flying against opposing F-16ADF of the 5° and 37° Stormo, detached to the base at Trapani. In even greater measure, this exercise also proved that the Typhoon was demonstrably the aircraft to beat, and was certainly at a far superior level than the Italian, Greek and Turkish F-16 present at the event.

On April 8, 2008, the Test Wing completed the integration of the AACMI FPR-14 pod with the Eurofighter, issuing the relative Operational Technical Certification. This enabled the F-2000 to also operate during training activities with the data acquisition system common to most Italian and NATO fighters, permitting accurate debriefing intended to perfect the operational capabilities of pilots and their units. In June 2008, however, the 4° Stormo underwent an Operational Capacity Evaluation (Valutazione delle Capacità Operative - VCO) imposed by the Comando Operativo delle

A sinistra, *il T.Col. Vito Cracas ripreso prima di una missione notturna da Gioia del Colle.* (R. Niccoli)
In alto, *schieramento di F-2000A di 4° e 36° Stormo ripresi durante l'esercitazione "Spring Flag 2008".* (R. Niccoli)
In basso, *un F-2000A in servizio di allarme QRA presso il 4° Stormo, armato con un missile AIM-120B e un AIM-9L.* (4° Stormo)

Left, *Lt.Col. Vito Cracas taken before a night mission from Gioia del Colle.*
Above, *line up of F-2000A from 4° and 36° Stormo taken during exercise "Spring Flag 2008".*
Below, *An F-2000A of 4° Stormo taken in QRA alert service, armed with one AIM-120B and one AIM-9L air-to-air missiles.*

Dal 1° al 18 aprile 2008 si svolgeva invece, sempre a Decimomannu, l'esercitazione "Spring Flag 2008", a cui prendevano parte quattro velivoli del 9° Gruppo e, per la prima volta, tre del 12° Gruppo. Gli Eurofighter fornivano in questo caso il "cuore" della componente da superiorità aerea delle forze di coalizione, a cui si contrapponevano gli F-16ADF del 5° e del 37° Stormo, schierati sulla base di Trapani. In misura sempre maggiore, anche in quella esercitazione i Typhoon si dimostravano le macchine da battere, certamente a un livello ben superiore a quello raggiunto dagli F-16 italiani, greci e turchi presenti.

L'8 aprile 2008, invece, il Reparto Sperimentale Volo completava l'integrazione del pod AACMI FPR-14 sull'Eurofighter, rilasciando la relativa Certificazione Tecnico Operativa. Anche gli F-2000 erano così in grado di operare durante attività addestrative con il sistema di rilevamento dei dati comune a molti caccia italiani e NATO che consente accuratissimi debriefing volti alla migliore messa a punto delle capacità operative di piloti e reparti. Nel giugno 2008, invece, il 4° Stormo era sottoposto alla Valutazione delle Capacità Operative (VCO) effettuata dal COFA, che superava brillantemente. L'estate 2008 registrava diversi cambi di comando nella comunità Eurofighter. Il 7 luglio il Col. Antonio Conserva lasciava il comando del 36° Stormo al Col. Gianpaolo Marchetto, il 5 agosto il T.Col. Andrea Argieri succedeva al T.Col. Daniele Picco alla guida del 9° gruppo, mentre il 3 settembre il Col. Vincenzo Nuzzo lasciava il comando del 4° Stormo al Col. Achille Cazzaniga; il 4 settembre il T.Col. Vito Cracas passava il comando del 12° gruppo al T.Col. Cristiano Tartaglione; infine il 10 settembre il T.Col. Filippo Trigilio subentrava al T.Col. Germano Longo alla guida del 904° GEA.

Nel frattempo, il 5 agosto, aveva volato a Caselle il primo esemplare Tranche 2 Block 8, l'MM.7289 (secondo di produzione), che assieme alle altre prime macchine veniva sottoposto alla Type Acceptance nazionale prima della consegna al reparto di volo.

Dall'8 al 19 settembre un contingente di tre velivoli, otto piloti (sei del 9° Gruppo e due del 20°) più 30 tecnici del 904° GEA partecipava all'esercitazione "Anatolian Eagle 2008/3", a Konya, in Turchia, raccogliendo preziose esperienze sia dal punto di vista della rischierabilità all'estero, sia dal punto di vista operativo, effettuando attività congiunta con F-16, F-15 ed F-4 di Turchia, Stati Uniti e Israele. Sempre in settembre, dal 19 al 25, il personale dei tre Gruppi Eurofighter effettuava invece una interessante attività addestrativa "Trinazionale" a Decimomannu, volando missioni di vario tipo con EF.2000 tedeschi ed F-16 israeliani. All'inizio di ottobre il 20° Gruppo inviava due piloti e due velivoli a Florennes, per prendere parte a un Full Course del NATO TLP. Il 14 novembre il 4° Stormo riceveva il primo velivolo Tranche 2 (IS020, MM.7288).

Dal 2009 il 12° Gruppo inizia invece a svolgere i turni di allarme dell'SSSA dalla base di Gioia del Colle, ed entro l'anno va a regime grazie all'assegnazione di nuovi velivoli e di ulteriori piloti qualificati.

Il futuro della linea Eurofighter non è ancora completamente definito. Dal punto di vista operativo, l'obiettivo della Aeronautica è quello di avere entro il 2010 la piena capacità potenziale di rischierare una componente Eurofighter italiana verso qualunque teatro operativo mondiale. Le consegne dei nuovi velivoli Tranche 2 (in totale 47), macchine allo standard Block 8, vengono effettuate ancora al 4° Stormo, che è destinato a raggiungere la dotazione teorica di 30 esemplari. I velivoli assegnati potranno anche essere 33, nell'eventualità che venga deciso che il 20° Gruppo OCU debba avere una dotazione di 18 anziché 15 velivoli. A Gioia del Colle il 12° Gruppo riceve ancora dei velivoli "usati" da Grosseto, per poi passare a operare le prime macchine di nuova produzione. Nel frattempo inizierà la conversione di un secondo gruppo caccia per il 36° Stormo, che con tutta probabilità sarà il 10° Gruppo, già assegnato a Trapani.

A tutt'oggi l'Aeronautica Militare non ha più necessità, e tantomeno le risorse, per confermare il programma originale che prevedeva di operare una forza di 121 F-2000 su sei gruppi in tre stormi. È previsto quindi che le basi Typhoon rimarranno solo Grosseto e Gioia del Colle, che schiereranno quattro o forse cinque gruppi volo. Che questa soluzione non sia ideale per garantire una costante e pronta sorveglianza a difesa dell'intero spazio aereo nazionale è evidente a chiunque abbia sottomano una carta geografica. Tuttavia, questo sembra essere quello che vuole il Paese, e l'Aeronautica, con gli attuali stanziamenti, non può che adeguarsi. ❑

In alto, *il CSX.7289 è il primo F-2000A della Tranche 2 per l'Italia ad aver volato, il 5 agosto 2008.* (Alenia A.)
Nella pagina a fianco in alto, *formazione mista di F-2000A italiani ed F-16C turchi ripresa durante l'esercitazione "Anatolian Eagle 3/2008", nel settembre 2008.* (4° Stormo); in basso, *il velivolo MM.55130 ("4-33"), l'ultimo Typhoon della tranche 1 consegnato all'Aeronautica Militare.* (R. Niccoli)

Above, *CSX.7289 is the first Tranche 2 Typhoon for Italy which flew, on August 5, 2008.* In the other page above, *mixed formation with Italian F-2000A and Turkish F-16C taken during exercise "Anatolian Eagle 3/2008", in September 2008.* Below, *aircraft MM.55130 ("4-33") was the last Tranche 1 Typhoon delivered to the Italian AF.*

Forze Aeree, from which it emerged with outstanding results.

Summer 2008 witnessed several changes of command within the Eurofighter community. On July 7, Col. Antonio Conserva passed command of the 36° Stormo to Col. Gianpaolo Marchetto, on August 5, Lt.Col. Andrea Argieri succeeded Lt.Col. Daniele Picco at the head of the 9° Gruppo, while on September 3, Col. Vincenzo Nuzzo was replaced as commander of the 4° Stormo by Col. Achille Cazzaniga; on September 4, Lt.Col. Vito Cracas passed command of the 12° Gruppo to Lt.Col. Cristiano Tartaglione; finally, on September 10, Lt.Col. Filippo Trigilio replaced Lt.Col. Germano Longo at the head of the 904° GEA. In the meantime, on August 5 the first Trache 2 Block 8 aircraft for Italy (MM.7289, the second of production) flew from Caselle, later starting the national Type Acceptance before the delivery to the Air Force.

From September 8 to 19, a team of three aircraft, eight pilots (from 9° and 20° Gruppo) and 30 technicians from 904° GEA participated at Konya, Turkey, to exercise "Anatolian Eagle 2008/3", gaining precious experiences in terms of deployability abroad, and flight operations, carrying out joint activity with F-16, F-15 and F-4 from Turkey, United States and Israel. In the same period, from September 19 to 25, another team from the two Wings deployed to Decimomannu, to carry out an interesting "Trinational" exercise with German EF.2000 and Israeli F-16. At the beginning of October, the 20° Gruppo sent two pilots and two aircraft to the Full NATO TLP course at Florennes. On November 14, the 4° Stormo received its first Tranche 2 aircraft (IS020, MM.7288).

From January 1, 2009 the 12° Gruppo is expected to start its full participation to the SSSA QRA from Gioia del Colle, while during the year the Gruppo will approach full capacity thanks to the delivery of new aircraft and the arrival of new qualified pilots.

The future of the Eurofighter Italian fleet has yet to be completely defined. From an operational point of view the objective is to achieve, by 2010, the full potential capacity to deploy a Typhoon component to any global operational theatre. The deliveries of the new aircraft from Tranche 2 (47 in total), which will be Block 8 standard machines, will again be concentrated on the 4° Stormo to build its fleet up to a notional establishment of 30 aircraft. The machines assigned could even reach 33, if it will be decided that the 20° Gruppo OCU should operate a fleet of 18 rather than 15 aircraft. At Gioia del Colle the 12° Gruppo receives "second-hand" aircraft from Grosseto, only later taking charge its first new production aircraft. In the meantime, the conversion of a second squadron for the 36° Stormo will commence, most probably the 10° Gruppo, coming from Trapani.

Today the Italian Air Force no more needs, and has no more funds, to confirm the original programme which called for the operation of a force of 121 F-2000 flown by six squadrons in three wings. Then, it seems probable that the Typhoon bases will remain only Grosseto and Gioia del Colle, which will house four or may be five squadrons. The fact that this solution is not ideal for granting a constant surveillance of the Italian airspace is clear to anyone who watch at a map of the country. Nevertheless, this seems to be what the Nation desires, and the Air Force, with its present funding, can do no more than realign itself. ❑

Il Supporto Tecnico-Logistico

Il cuore del supporto tecnico-logistico della linea Eurofighter italiana è rappresentato dal 1° Reparto Manutenzione Velivoli (1° RMV) della base di Cameri (Novara), un ente tecnico dipendente dalla 2a Divisione (Supporto Tecnico Operativo) del Comando Logistico.

Il Reparto (nato come 1° CMP) è stato costituito nel 1981 per fornire supporto tecnico-logistico alla linea Tornado, ma negli anni novanta, in vista dell'introduzione in servizio dell'EF.2000, è stato scelto per ospitare in parallelo anche le attività manutentive destinate al nuovo caccia. Il 30 ottobre 1998 venivano formalmente consegnate le tabelle ordinative organiche relative alla nuova attività e veniva costituito il primo nucleo di personale destinato a occuparsi del programma Eurofighter. È solo nel 2002 che il Reparto inizia realmente a espandere le attività legate al Typhoon, mentre nel 2003 le prime aliquote di personale vengono inviate presso l'Alenia Aeronautica a Caselle per le prime attività addestrative. I programmi iniziali prevedevano che il primo velivolo di serie (IT001) fosse consegnato al 1° RMV per l'effettuazione dell'attività addestrativa, ma gli iniziali ritardi nelle consegne portarono dei cambiamenti nei piani dell'AM. L'attività di On Job Training degli specialisti fu così condotta sull'IT001 a Caselle, e non a Cameri, mentre il primo velivolo di serie consegnato a Grosseto fu l'IT002. I primi corsi tenuti dalla Direzione Addestramento del 1° RMV per la formazione del personale della linea Eurofighter datano invece al 2005, e da quella data alla primavera 2008 oltre 1.000 qualifiche di tutti i tipi sono state rilasciate al personale tecnico del Reparto stesso, e delle basi operative di Grosseto e Gioia del Colle, nonché del Reparto Sperimentale di Pratica di Mare.

Per soddisfare le nuove esigenze, il 1° RMV non è stato però raddoppiato nel numero del personale e negli uffici. Allo scopo di ottimizzare al meglio le risorse, il Reparto ha registrato solo un lieve incremento nel personale (che complessivamente è stato portato a oltre 600 uomini e donne, tra militari e dipendenti civili), mentre dal punto di vista organizzativo, buona parte delle Direzioni è stata strutturata per lavorare in contemporanea sia sulla linea Tornado sia sulla linea Eurofighter. La maggior parte del personale è quindi qualificata per operare su entrambi i velivoli, a vantaggio della flessibilità e dell'economia gestionale. D'altra parte, oltre ai risparmi di tipo economico, questa soluzione permette anche di sopperire alla ormai cronica carenza di personale.

Il Direttore del 1° RMV (un Colonnello del ruolo Ingegneri) ha uno staff composto da uffici Amministrazione, Controllo Qualità, Sicurezza sul Lavoro e Personale. Alle sue dipendenze vi sono poi la Direzioni Lavori Meccanica, la Direzione Lavori Propulsori, la Direzioni Lavori Avionica, la Direzione Addestramento, la Direzione Rifornimento, la Direzione Tecnico Logistica Tornado e la Direzione Tecnico Logistica Eurofighter. Le ultime due Direzioni sono gli unici due uffici specializzati su una sola linea. Dal 2003 il Reparto è qualificato ISO 9001:2000 e NATO AQAP 2120, che rappresentano i massimi standard di qualità.

Technical and Logistical Support

At the heart of the technical and logistical support for the Italian Eurofighter fleet lies the 1° Reparto Manutenzione Velivoli (1° RMV – Aircraft Maintenance Unit) based at Cameri (Novara), a technical unit reporting to the 2ª Divisione (Supporto Tecnico Operativo – Technical and Operational Support) of the Comando Logistico (Logistic Command).

The Reparto (created initially as the 1° CMP) was constituted in 1981 to supply technical and logistical support to the Tornado fleet, but in the nineties, in view of the introduction into service of the EF.2000, it was selected to create a parallel operation for the maintenance activity connected with the new fighter. On October 30, 1998 it was formally assigned the structure required to conduct the new activity, and the first nucleus of personnel dedicated to the Typhoon operation was created. It was only in 2002 that the unit initiated active expansion of the activities related to the Eurofighter, while in 2003 the first groups of personnel were detached to Alenia Aeronautica at Caselle to undertake their first training activities. The initial planning envisaged that the first production aircraft (IT001) would be delivered to the 1° RMV for the conduct of training activity, but the initial delays in the deliveries forced the Italian AF to alter its schedule. The On Job Training of the engineers was therefore conducted on IT001 at Caselle, and not at Cameri, while the first series aircraft delivered to Grosseto was IT002. The first courses held by the Training Directorate of the 1° RMV to train personnel from the Eurofighter fleet dated, in fact, from 2005, and between then and spring 2008 more than 1,000 qualifications of every type were issued to the technical personnel of the unit, and to those of the operational bases at Grosseto and Gioia del Colle, as well as those from the Test Wing at Pratica di Mare.

To respond to its new requirements, the 1° RMV did not see a doubling in numbers of its personnel or infrastructure. With the intention of optimising its resources, the Reparto has recorded only a small increase in personnel (which resulted in an overall total of 600 men and women, both military personnel and civilian staff), while from an organisational standpoint, the major part of the Direzioni (Directorates) was structured to work simultaneously on both the Eurofighter and Tornado fleets. The majority of the personnel is therefore qualified to work on both aircraft, benefiting both flexibility and economic management. On the other hand, besides savings of an economic nature, this solution also allows to overcome the by now chronic shortage of personnel.

The Direttore (Director) of the 1° RMV (a Colonel from the Engineers Branch) has a staff divided between Administration, Quality Control, Safety at Work, and Personnel offices. Reporting to him are a series of Directorates: the Direzione Lavori Meccanica (Mechanical Work), Direzione Lavori Propulsori (Engine Work), Direzioni Lavori Avionica (Avionics Work), Direzione Addestramento (Training), Direzione Rifornimen-

A sinistra, un F-2000A in lavorazione presso una delle baie dell'hangar del 1° RMV di Cameri. (R. Niccoli)
In alto, attività di manutenzione sui motori EJ200 di un Typhoon; notare la facilità di intervento offerta dai portelli inferiori della fusoliera. (R. Niccoli)
Nella pagina a fianco, due TF-2000A del 4° Stormo in procinto di decollare dalla base di Cameri al completamento di una ispezione IP400. (R. Niccoli)

Left, an F-2000A taken under maintenance in the main hangar of the 1° RMV at Cameri.
Above, works on the EJ200 engines of a Typhoon; note the engine doors open, which greatly ease the access to the bay.
In the other page, two TF-2000A from 4° Stormo ready to take-off from Cameri after the completion of an IP400 inspection.

Sopra, *due Typhoon in lavorazione presso il 1° RMV. Nel 2010 a Cameri sarà disponibile un nuovo hangar interamente dedicato agli Eurofighter.* (R. Niccoli)
In basso, *il velivolo MM.55095 è stato il primo Typhoon italiano sottoposto a una IP400.* (R. Niccoli)
Nella pagina a fianco, *alcuni motoristi del 1° RMV al lavoro su un'unità EJ200. (R. Niccoli)*

Above, *two Typhoon under maintenance at the 1° RMV. By 2010 the uni twill be able to operate a new hangar completely dedicated to the Eurofighter.*
Below, *MM.55095 was the first Italian Typhoon to undergo an IP400 inspection.*
In the other page, *some engine technicians of 1° RMV at work on an EJ200.*

Dal punto di vista operativo, il 1° RMV è l'ente preposto a mantenere il controllo tecnico-logistico su tutta la linea Typhoon, gestendo e pianificando le ore di volo e di manutenzione, lo scalamento dei velivoli, i piani e le attività di aggiornamento e revisione. A questo scopo, il Reparto costituisce il cuore del National Support Organisation (NSO) dell'EF.2000, e dialoga con il Comando Logistico, la sua 1a Divisione (Centro Sperimentale), ARMAEREO e con gli enti operativi, ma anche con tutte le industrie nazionali interessate dal programma, tra cui spiccano Alenia Aeronautica e Avio. In più vi è anche l'aspetto internazionale del programma, che vede il 1° RMV come National Support Coordination Centre (NSCC), ente di riferimento tecnico nazionale per il velivolo, e come tale direttamente interfacciato con l'International Weapon System Support Centre (IWSSC) di Halbergmoos, Germania, l'ente governativo-industriale che coordina la gestione tecnico-logistica del programma europeo. Alla dipendenze del 1° RMV vi è anche la sezione italiana dell'International Air Force Field Team (IT-IAFFT) di Caselle, ente formato da militari dei quattro paesi parte del programma che si occupa di controllare gli aspetti logistici e la Logistic Support Analysis dell'Eurofighter per tutta la durata del programma di sviluppo del velivolo. Il 1° RMV è inoltre delegato a compiere acquisti di parti di ricambio e a gestire anche contratti internazionali.

Il lavoro di preparazione iniziato negli anni precedenti si è finalmente concretizzato il 12 aprile 2007, quando il 1° RMV ha ricevuto il suo primo velivolo Eurofighter (il TF-2000A velivolo MM.55095), destinato a compiere la prima ispezione IP400, cioè l'ispezione dopo le prime 400 ore di funzionamento. Questa prima ispezione è stata compiuta con cautela, per mettere a punto le procedure e verificare dal vivo molte delle attività prescritte. A partire dal mese di settembre i lavori hanno avuto una netta accelerazione, allo scopo di rispettare i tempi previsti di consegna, tanto che il 18 dicembre la macchina è stata restituita come previsto al 4° Stormo. Nel frattempo il Reparto si è strutturato per mantenere due baie di lavoro dedicate al Typhoon presso l'hangar principale, tant'è vero che il secondo velivolo versato (MM.7235) è giunto a Cameri nell'ottobre 2007, e alla consegna del primo, un terzo velivolo (MM.7275) è arrivato al 1° RMV per una nuova IP400. Naturalmente, dopo il primo esemplare, i tempi di lavorazione dei successivi velivoli hanno subito una netta contrazione. La seconda macchina ha registrato un fermo di cinque mesi e a regime le IP400 dovrebbero attestarsi su una media di quattro mesi, che è una tempistica di rilievo considerando che sulle prime macchine, in questi anni iniziali, alle ispezioni vengono anche associati lavori di retrofit, le cosiddette R400, che portano il velivolo in lavorazione a uno standard di configurazione (Block) più elevato. I lavori di retrofit più complessi, e in particolare l'R2, che porta i velivoli allo standard Block 5, sono effettuati invece da Alenia Aeronautica, presso gli stabilimenti di Caselle. Nel 2009 le baie di lavorazione saranno portate a tre, mentre dal 2010, quando sarà disponibile l'hangar dedicato al solo Typhoon, le baie saliranno a sei. Dal 2009 è anche previsto che il 936° GEA di Gioia del Colle inizi a ef-

to (Supply), Direzione Tecnico Logistica Tornado (Tornado Technical Logistics) and Direzione Tecnico Logistica Eurofighter (Eurofighter Technical Logistics). The latter two Directorates are the only offices specialising on one unique fleet. Since 2003 the unit has been ISO 9001:2000 and NATO AQAP 2120 qualified, which represent the achievement of the highest quality standards.

From an operational point of view, the 1° RMV is the unit entrusted with managing the technical and logistical control of the entire Typhoon fleet, organising and planning the flying hours and programmed maintenance, the allocation of the aircraft, and the planning and conduct of upgrading and overhauls. In this role the unit forms the National Support Organisation (NSO) for the EF.2000, and interfaces with the Logistic Command, its 1ª Divisione (the Test Centre), ARMAEREO, and all the operational units, but also engages with all the national industries involved in the programme, and in particular with Alenia Aeronautica and Avio. There is, furthermore, the international aspect of the programme, which sees the 1° RMV as the National Support Coordination Centre (NSCC), a national point of technical reference for the aircraft, and a such a direct interface with the International Weapon System Support Centre (IWSSC) at Halbergmoos, Germany, the government/industrial organisation which coordinates the technical and logistical programme at a European level. Also reporting to the 1° RMV is the Italian section of the International Air Force Field Team (IT-IAFFT) at Caselle, a team formed by military personnel from the four partner nations in the consortium occupied with controlling the logistical aspects and the Logistic Support Analysis for the Eurofighter, with a remit lasting throughout the development programme of the aircraft. The 1° RMV has also been delegated the roles of acquiring spare parts stocks, and of managing international contracts.

The preparatory work initiated in the preceding years finally came to fruition on April 12, 2007, when the 1° RMV received its first Eurofighter aircraft (TF-2000A MM.55095), destined to undergo the first IP400 inspection, the standard check following its first 400 operating hours. This first inspection was conducted with extreme caution, in order to perfect the procedures and achieve concrete verification of many of the prescribed activities. From the month of September the work was accelerated, with the aim of respecting the planned delivery deadline, and on December 18, the aircraft was returned on schedule to the 4° Stormo. In the meantime, the Reparto had been structured to provide two work bays dedicated to the Typhoon in the main hangar, and thus the second aircraft received (MM.7235) was able to fly in to Cameri in October 2007, and after the delivery of the first, a third aircraft (MM.7275) arrived at the 1° RMV for a new IP400. Naturally, after the first example, the working hours required for the following aircraft have seen a notable contraction. The second machine was out of service for five months, and once at regime the IP400 should be last an average of four months, which is a notable achievement, given that the first aircraft, in these initial years, are also subjected to retrofit activity during the inspections, the so-called R400, which brought the aircraft under inspection to a higher configuration (Block) standard. The more complex retrofit work, and in particular the R2, which brings the aircraft to Block 5 standard, is performed by Alenia Aeronautica at its Caselle facility. In 2009 the working bays increase to three, while from 2010, when the dedicated Typhoon hangar becomes available, the maintenance bays will increase to six. It is planned that from 2009 the 936° GEA at Gioia del Colle will begin to perform IP400 inspections, with a maximum of two or three bays dedicated to this work. In effect, if it is true that the Eurofighter is certainly a more complex aircraft that those utilised by the Italian AF to date, it is also so true that its maintenance had been designed to be far simpler.

After 2010 the attention will be turned towards the introduction of the IP800 inspections, which at present are planned to be similar, as far as possible, to the IP400, although it is expected that they will be facilitated by the experiences matured during the early years, and that these will result in some improvements and modifications which have yet to be defined. The fleet is being constantly monitored in all its aspects, and this will result in the optimisation of the inspection and maintenance procedures. In

fettuare le ispezioni IP400, con un massimo di due-tre baie destinate a tale scopo. In effetti, se è vero che l'Eurofighter è un velivolo certamente più complesso di quelli sino a oggi impiegati dall'Aeronautica, è altrettanto vero che la sua manutenzione è stata studiata per essere più semplice.

Dopo il 2010 sarà poi la volta di impostare le ispezioni IP800, che al momento sono previste in linea di massima come molto simili alle IP400, fatte salve le esperienze che saranno maturate in questi anni, e che potrebbero portare all'introduzione di taluni miglioramenti e modifiche, ancora da mettere a punto. La flotta è sotto costante monitoraggio in tutti i suoi aspetti, e questo non può che favorire anche l'ottimizzazione delle procedure di ispezione e manutenzione. Infatti, non bisogna dimenticare che il concetto base della manutenzione dell'Eurofighter è dato dalla filosofia "On condition", e in misura molto più ridotta che in passato dalle scadenze calendariali (LIC) e/o di funzionamento (LOF).

Per quanto riguarda il motore Eurojet EJ200, costruito in Italia dalla Avio, si tratta di un propulsore progettato totalmente secondo la filosofia "On Condition", e quindi non viene sottoposto a ispezioni IP400 o ad altre scadenze. Sino a tutto il 2008 le attività di lavorazione che si sono rese necessarie sui propulsori sono state effettuate dalla ditta presso il suo stabilimento di Brindisi, ma dal gennaio 2009 anche il 1° RMV è in grado di intervenire su questo fondamentale componente.

Una componente importante del 1° RMV è la Direzione Addestramento, che si occupa della formazione di tutti i tecnici destinati alle linee Tornado ed Eurofighter. A questo scopo vengono utilizzate le più avanzate metodologie didattiche, che sono imperniate sull'uso dei computer, grazie a programmi interattivi che possono essere visionati più volte e che preparano anche alle fasi d'esame. Importante in quest'ottica è il Maintenance SimulationTrainer fornito da Alenia Aeronautica, che permette al personale specialista di lavorare virtualmente sul velivolo (anche grazie a un cockpit in scala reale) e di simulare ben 60 diverse avarie. Il 1° RMV gestisce dodici diverse tipologie di corsi per le varie categorie degli specialisti, e i corsi possono variare da un minimo di poche settimane a un massimo di due mesi. Al termine dei corsi gli specialisti sono qualificati C-1, cioè sono in grado di intervenire sul velivolo sotto la supervisione di un tutor, qualificato C-3.

La piattaforma informatica utilizzata dal Reparto per tutte le attività di competenza è basato sul sistema informatico SiILEF2000, sviluppato dall'AM con il supporto del consorzio S3LOG (Elsag-Datamat e Vitrociset). Il sistema è articolato attraverso l'implementazione di moduli diversi, tra i quali risultano estremamente significativi il "Materiel Handling" (gestione dei materiali), il "Maintenance Handling" (gestione delle attività di manutenzione), il "Configuration Management" (per la gestione "accounting" della configurazione) ed il "Decision Support System" (che, utilizzando le banche dati a disposizione è di estremo ausilio al processo decisionale).

Una ulteriore area di forza è il Deposito automatizzato, al servizio delle sale di manutenzione interne al 1° RMV e degli Stormi che hanno in servizio i velivoli Eurofighter, oltre che Tornado. Il Deposito del 1° RMV, anche tramite il collegato e dipendente Deposito di Gallarate, oltre al collegamento informatico con gli Enti di Forza Armata, gestisce tutta la movimentazione delle parti con i comparti industriali nazionali e quelli internazionali e gli scambi con i Paesi europei, Partner nei due programmi. Le migliaia di particolari gestiti e di transazioni annuali, i sistemi di gestione allo stato dell'arte, il partenariato con l'industria nazionale per talune funzioni, fanno di questa articolazione un modello di efficienza ed eccellenza.

Le attività effettuate per il velivolo Tornado, quelle in corso ed in implementazione sul velivolo Eurofighter consolidano sempre più il nuovo ruolo del 1° RMV, quale centro di eccellenza e fulcro della gestione tecnico-logistica dei velivoli più complessi in dotazione dell'A.M., punto nodale di riferimento dell'industria nazionale ed internazionale, importante asset strategico per i futuri programmi di interesse della Difesa e del Paese. ❑

fact, it should not be forgotten that the basic concept of Eurofighter maintenance is the "On condition" philosophy, and is a much more flexible concept than the structured system used in the past and based on the calendar-based system (LIC) and or the operating hours regulated system (LOF).

In respect of the Eurojet EJ200, manufactured in Italy by Avio, the engine has been totally designed according to the "On Condition" philosophy, and is therefore not subjected to IP400 or other periodic inspections. Up until 2008 those maintenance activities required by the engines have been conducted by the company at their Brindisi facility, but from January 2009 the 1° RMV will also be capable of intervening on this fundamental equipment.

An important component in the 1° RMV is the Direzione Addestramento (Training Directorate), which is engaged with the preparation of all the technicians assigned to the Tornado and Eurofighter fleets. To achieve this, the most advanced instructional techniques are employed, fundamental to which is the use of computers, thanks to interactive programmes which can be viewed again and again, particularly in the run up to examinations. Vital in this sphere is the Maintenance Simulation Trainer provided by Alenia Aeronautica, which permits the engineering personnel to perform virtual work on the aircraft (also thanks to a full size cockpit) and the ability to simulate some 60 different faults. The 1° RMV manages twelve different types of courses for the various types of engineer, and the courses can vary from a minimum of a few weeks to a maximum of two months. At the conclusion of the courses the technicians are C-1 qualified, and are thus enabled to work on the aircraft under the supervision of a C-3 qualified tutor.

The information technology platform utilised by the Reparto for all the activities it undertakes is based on the SiILEF2000 information system, developed for by the Italian AF with the support of the S3LOG consortium (Elsag-Datamat and Vitrociset). The system is articulated through the implementation of diverse modules, amongst which the most significant being the "Materials Handling", "Maintenance Handling", "Configuration Management" (for the management of the data "accounting" of the configurations) and the "Decision Support System" (which, utilising the available data banks is of fundamental importance in the decision-making process).

A further area of innovation is the automated depot storage, serving the internal maintenance bays of the 1° RMV and the Stormi which have the Eurofighter aircraft in their fleet, as well as the Tornado. The Depot of the 1° RMV, also through its networked and dependent Depot at Gallarate, besides maintaining electronic links with the units of the Italian AF, manages all the movement of the parts between the national and international stakeholders in the partnership, and the exchanges between the participating nations in the two programmes. The thousands of items managed, the annual level of transactions, the state-of-the-art management system, and the engagement with national industry to fulfil this function, ensure that this operation is a model of efficiency and excellence.

The activities performed for the Tornado aircraft, those under way, and those being implemented for the Eurofighter aircraft, are consolidating the new role of the 1° RMV as a centre of excellence and fulcrum for the technical and logistical management of the most complex aircraft serving with the Italian AF, a reference point for national and international industries, and an important strategic asset for the future programmes of interest to the Italian armed forces and the Italian Nation. ❑

Sopra, *Cameri, 18 dicembre 2007: completata la prima IP400 il velivolo MM.55095 viene trainato fuori dall'hangar per rientrare in volo a Grosseto.* (R. Niccoli) Sotto, *una delle aule didattiche della Direzione Addestramento del 1° RMV.* (R. Niccoli)
Nella pagina a fianco a sinistra, *attività nell'hangar di Cameri e il deposito automatizzato del 1° RMV.*

Above, *Cameri, December 18, 2007: completed the first IP400, Typhoon MM.55095 is towed outside the hangar to be flown back to Grosseto air base.* Below, *one of the classrooms of the Training Directorate of the 1° RMV.*
In the other page, left, *activity in the hangar at Cameri and the automated depot of the 1° RMV.*

Il programma industriale: il ruolo delle aziende italiane

La definizione, la progettazione, lo sviluppo e la produzione dell'Eurofighter coinvolge oltre 400 aziende e più di 100.000 addetti, rendendo il programma la più grande collaborazione industriale della storia d'Europa.

Com'è noto, l'Eurofighter è prodotto in collaborazione da Finmeccanica per l'Italia, BAE Systems per la Gran Bretagna e da EADS per Germania e Spagna. In particolare in Italia, Alenia Aeronautica è prime contractor nazionale per il programma; con importanti contributi nell'avionica da parte di SELEX Galileo, in quella dei sistemi di comunicazione e navigazione da SELEX Communications e per i motori dalla Avio, tutte aziende controllate o partecipate da Finmeccanica.

Il programma è gestito dal consorzio Eurofighter GmbH, società partecipata da Alenia Aeronautica, BAE Systems, EADS Germany e EADS Spain con sede a Monaco di Baviera. Da parte governativa è gestito dall'Agenzia NETMA (NATO Eurofighter & Tornado Management Agency), costituita per soddisfare le esigenze di approvvigionamento delle forze aeree dei quattro paesi partecipanti al programma.

I due consorzi principali sono: **Eurofighter** GmbH, costituito da Alenia Aeronautica (21%), BAE Systems (33%), EADS-Spagna (13%) e EADS-Germania (33%),che è responsabile del progetto, dello sviluppo e dell'assemblaggio finale del velivolo, della

The industrial programme: the role of the Italian companies

The definition, design, development, and production of the Eurofighter has involved more than 400 firms and over 100,000 employees, making the programme the largest industrial collaboration in the history of Europe.

As known, the Eurofighter is produced through collaboration between Finmeccanica of Italy, BAE Systems from Great Britain, and EADS in Germany and Spain. In respect of Italy, Alenia Aeronautica in the prime national contractor for the programme; important contributions to the avionics are made by SELEX Galileo, communication and navigation systems by SELEX Communications, while for the engines the involvement comes from Avio. All these concerns are controlled by or partly owned by Finmeccanica.

The programme is managed by the Eurofighter GmbH consortium, a company formed by Alenia Aeronautica, BAE Systems, EADS Germany and EADS Spain, and based in Munich. The government side is the responsibility of the NETMA (NATO Eurofighter & Tornado Management Agency), created to satisfy the supply requirements of the four nations participating in the programme.

The two principal consortium members are: ***Eurofighter*** *GmbH, constituted by Alenia Aeronautica (21%), BAE Systems (33%), EADS-Spain (13%) and EADS-Germany (33%), which is responsible for the design, development and final assembly of the aircraft, the management of the programme, and coordinating the activities of the sub-contractors, and* ***Eurojet Turbo*** *GmbH, constituted by Avio (Italy 21%), ITP (Spain 13%), MTU-München (Germany 33%) and Rolls-Royce (United Kingdom 33%), which is responsible for the design and coordination of the manufacturing of the EJ200 engine used in the aircraft.*

For the development and production of the complex sub-systems. Eurofighter interfaces with several suitably established consortia: ***Euroradar*** *for the design and production of the aircraft's radar system, designated Captor (led by SELEX Galileo);* ***EuroDASS*** *for the development and production of the DASS (Difensive Aids Sub-System), protecting the aircraft from radar, laser, or thermal guided missiles, and* ***EuroFirst*** *for the passive infra-red PIRATE system (both consortiums led by SELEX Galileo).*

In terms of the level of responsibility for the manufacture of the airframe and that relative of the avionics and on-board electronics, the overall participation of the Finmeccanica company is in the region of 36% of the programme.

At present around 20,000 people in more than 200 companies in Italy are involved in the programme. At the peak of production the Eurofighter consortium will provide employment for more than 120,000 people in Europe, 24,000 of whom will be engaged in Italy.

Alenia Aeronautica *is the national leader in the aircraft production programme, with an industrial production share of 19.5%, and is responsible for the manufacture of the left wing, the design and construction of the rear fuselage in cooperation with BAE Systems, the design and integration of some of the on-board systems, such as armament and navigation, as well as the integration of the entire engine system. The Italian company is, moreover, responsible for the final assembly of all the aircraft ordered by the Italian Air Force, and of those for future export clients within the marketing areas assigned to Italy.*

In the Alenia Aeronautica facilities in Turin and Caselle, in which an overall total of slightly under 3,200 staff are employed, more than 1,500 are today engaged in the development and production of the Typhoon (with a production capacity of around one aircraft per month). Another 500 people work on the Typhoon in the southern Alenia Aeronautica factories, at Nola, Casoria and Foggia.

With an industrial participation level of around 4%, ***Alenia Aermacchi*** *has an important role in the Eurofighter programme. In particular, the Venegono company has design and development authority for, and presently produces the wingtips, under-wing pylons, wing-fuselage junctions, and engine housing components. In Alenia Aermacchi an extensive wind-tunnel programme was also under went.*

Galileo Avionica and SELEX Sensors and Airborne Systems Ltd from Britain, Finmeccanica companies, adopted in January 2008 the brand ***SELEX Galileo*** *to present itself on the market with a single identity. SELEX Galileo is a key partner in the Eurofighter programme. Thanks to the activities of the two companies the share taken by Finmeccanica in the Typhoon's avionics is, in fact, greater than 60%. The activities in the programme involve the various sectors of SELEX Galileo in the United Kingdom, and in particular the sites at Luton and Edinburgh. For Tranche 2, SELEX Galileo UK heads two international consortia, EuroDASS and EuroRadar, and contributes in a key way to another of the aircraft's fundamental systems, the Laser Warning System. This has led SELEX Galileo UK to gain order related to these three activities for Tranche 2 worth some 2.2 billion Euro.*

A sinistra, *un tecnico della Avio al lavoro su un propulsore EJ200.* (Avio)
Nella pagina a fianco, *la linea di assemblaggio del Typhoon presso gli stabilimenti Alenia Aeronautica di Torino-Caselle.* (Alenia A.)

Left, *a technician from Avio at work on an EJ200 engine.*
In the other page, *the Alenia Aeronautica Typhoon assembly line at Turin-Caselle.*

gestione del programma e del coordinamento delle attività dei sub-contraenti; inoltre gestisce e coordina le attività delle ditte subcontraenti. **Eurojet Turbo** GmbH, costituito da Avio (Italia 21%), ITP (Spagna 13%), MTU-München (Germania 33%) e Rolls-Royce (Regno Unito 33%), che è responsabile del progetto e del coordinamento delle attività per la produzione del motore EJ200 impiegato sul velivolo.

Per lo sviluppo e la produzione di sottosistemi complessi si interfacciano ad Eurofighter alcuni consorzi appositamente costituiti: **Euroradar** per la progettazione e la realizzazione del sistema radar del velivolo, denominato Captor (guidato da SELEX Galileo); **EuroDASS** per la progettazione e la realizzazione del sottosistema DASS (Difensive Aids Sub-System) per la protezione del velivolo da minacce missilistiche a guida radar, laser o termica ed **EuroFirst** per il sistema passivo all'infrarosso PIRATE (entrambi i consorzi sono guidati da SELEX Galileo).

Comprendendo le quote di responsabilità relative alla costruzione della cellula dell'aereo e quelle relative all'avionica ed all'elettronica di bordo, la quota complessiva di responsabilità delle aziende Finmeccanica è pari a circa il 36% del programma.

Attualmente circa 20.000 persone in più di 200 aziende in Italia sono coinvolte nel programma. In fase di picco della produzione il consorzio Eurofighter darà lavoro a oltre 120.000 persone in Europa, di cui 24.000 in Italia.

Alenia Aeronautica è il leader nazionale nel programma di produzione del velivolo, con una quota industriale del 19,5% ed è responsabile della costruzione dell'ala sinistra, della progettazione e costruzione della fusoliera posteriore insieme a BAE Systems, della progettazione ed integrazione di alcuni sistemi di bordo, quali armamento e navigazione, nonché dell'integrazione di tutto il sistema propulsivo. La società italiana è, inoltre, responsabile dell'assemblaggio finale di tutti i velivoli per l'Aeronautica Militare Italiana e di quelli dei futuri clienti export dei paesi di competenza.

Negli stabilimenti Alenia Aeronautica di Torino e di Caselle, in cui lavorano complessivamente poco meno di 3.200 addetti, oltre 1.500 sono oggi impegnati nello sviluppo e produzione del Typhoon (con una capacità produttiva di circa un velivolo al mese). Ulteriori 500 persone lavorano per il Typhoon negli stabilimenti Alenia Aeronautica del Sud, a Nola, Casoria e Foggia.

Con una partecipazione industriale di circa il 4%, **Alenia Aermacchi** ha un ruolo importante nel programma Eurofighter. In particolare presso l'azienda di Venegono sono stati progettati e sviluppati, e sono attualmente in produzione, le estremità alari, i piloni subalari, i raccordi ala-fusoliera e componenti degli alloggiamenti dei motori del caccia europeo. In Alenia Aermacchi si è svolto, inoltre, un esteso programma di test in galleria del vento.

Galileo Avionica e la britannica SELEX Sensors and Airborne Systems Ltd, società di Finmeccanica, hanno adottato da gennaio 2008 il marchio **SELEX Galileo** per presentarsi con un'unica identità sul mercato. SELEX Galileo rappresenta un partner chiave del programma Eurofighter. Grazie alle attività delle due aziende la quota di Finmeccanica nell'avionica del Typhoon è infatti superiore al 60%. L'impegno nel programma coinvolge le attività di varie unità della SELEX Galileo nel Regno Unito ed in particolare quelle dei siti di Luton e Edimburgo. Per la Tranche 2, SELEX Galileo UK guida due consorzi internazionali: EuroDASS e EuroRadar e contribuisce in modo chiave ad un altro sistema fondamentale dell'aereo, il Laser Warner System. Per la Tranche 2, SELEX Galileo UK ha siglato ordini per queste tre attività pari a 2,2 miliardi di Euro.

Il consorzio EuroDASS realizza e fornisce il sistema di difesa integrato del Typhoon, un sistema progettato per garantire la sopravvivenza della macchina anche negli scenari operativi più complessi grazie ad una serie di equipaggiamenti e sensori allo stato dell'arte e di contromisure elettroniche molto avanzate. Il consorzio EuroDASS è guidato da SELEX Galileo UK e partecipato anche dalla componente italiana di SELEX Galileo, Elettronica, la spagnola INDRA e la tedesca EADS. SELEX Galileo UK è anche leader del consorzio EuroRadar che, anche in questo caso, comprende anche SELEX Galileo in Italia, INDRA e EADS. EuroRadar ha progettato, sviluppato e produce il radar multimode Captor del Typhoon. SELEX Galileo Italia oltre alla già citata partecipazione allo sviluppo e alla produzione di complessi sottosistemi del radar Captor, ai sottosistemi degli apparati laser e di guida dei missili a guida infrarossi del Typhoon detiene significative responsabilità come prime contractor nello sviluppo di sottosistemi ed apparati avionica che fanno parte del cockpit display system, del sistema di navigazione (radar altimetro), del weapon management system (computers ed unità per lo sgancio dei carichi bellici) e del sistema di controllo del volo. SELEX Galileo Italia è anche il prime contractor del sistema passivo all'infrarosso PIRATE, in grado di scoprire ed inseguire potenziali minacce in modo completamente passivo. Si tratta di uno dei sistemi più avanzati sviluppati per il programma Eurofighter. Il programma Eurofighter coinvolge gran parte dei siti produttivi di SELEX Galileo in Italia, tra cui Milano, Nerviano,Torino Caselle, Pomezia e Ronchi dei Legionari, per un totale complessivo di circa 800 lavoratori.

La **SELEX Communications** contribuisce al programma con la realizzazione della maggior parte degli equipaggiamenti di comunicazione e navigazione dell'aereo. Gli apparati SELEX Comunications, installati sui velivoli di tutte e quattro le nazioni partecipanti al programma, sono: il sistema IFF per l'identificazione amico-nemico; il sistema MIDS Interface Unit (MIU); la Crash Survivable Memory Unit (CSMU); il sistema di atterraggio strumentale Microwave Landing System/MultiMode Receiver (MLS/MMR) e il sistema di navigazione Distance Measuring Equipment - Precision (DME-P). Inoltre l'azienda partecipa alla fornitura della Communication Audio Management Unit (CAMU) e della radio V/UHF.

La **Avio** di Rivalta (TO), membro al 20% del consorzio Eurojet, si occupa della gestione e assemblaggio del motore completo, nonché delle diverse fasi di prova per l'Aeronautica Militare. L'intero sistema di turbina a bassa pressione, suddiviso nei moduli statore e rotore (comprensivo di albero di bassa pressione), è di competenza Avio, che è responsabile anche di tutto il sistema di post-combustione a valle della valvola di controllo combustibile e quindi dei tubi in lega leggera, delle valvole di distribuzione e blocco del combustibile, degli spruzzatori, dello stabilizzatore di fiamma, dello smorzatore acustico e degli scudi termici. Anche la maggior parte degli accessori che equipaggiano il turbogetto sono responsabilità di Avio. Tra questi i principali sono il sistema di servocontrollo dell'ugello variabile (HPGU e attuatori), componenti del circuito olio ed il sistema di accensione (HEIU e candele). Avio è inoltre impegnata con i fornitori partner allo sviluppo di nuovi sistemi di monitoring delle funzionalità e prestazioni del motore in continuo.

La **Sirio Panel** (100% SELEX Communications) contribuisce al programma con la realizzazione di larga parte della strumentazione del cockpit. Gli apparati Sirio Panel equipaggiano i velivoli di tutte e quattro le nazioni che partecipano al programma e rappresentano lo stato dell'arte nel campo dell'interfaccia uomo-macchina. Gli equipaggiamenti Sirio Panel, quali i

Il prototipo DA4 ripreso durante prove di compatibilità elettromagnetica in camera anecoica. Il 5 maggio 2008 Alenia Aeronautica ha inaugurato, all'interno del Ground Test Centre di Caselle, la più grande camera anecoica d'Europa. (Eurofighter)

Prototype DA4 taken during electromagnetic test in anecoic chambre. On May 5, 2008, Alenia Aeronautica opened, within its Ground Test Centre at Caselle, the biggest anecoic chamber in Europe.

The EuroDASS consortium develops and supplies the Typhoon's integrated defence system, a suite designed to guarantee the survival of the aircraft in the most complex operational scenarios thanks to a state of the art range of equipment and sensors and highly advanced electronic countermeasures. The EuroDASS consortium is led by SELEX Galileo UK, and participants include the Italian component of SELEX Galileo, Elettronica, INDRA from Spain, and EADS in Germany. SELEX Galileo UK is also the leader of the EuroRadar consortium which, again in this case, also includes SELEX Galileo in Italy, INDRA and EADS. EuroRadar has designed, developed and manufactured the multimode Captor radar for the Typhoon. SELEX Galileo Italia, besides the already reported participation in the development and production of the complex sub-systems for the Captor radar, the sub-systems for the laser apparatus, and the infra-red guidance for the Typhoon's missiles, hold a significant responsibility as the prime contractor in the development of the sub-systems and avionics apparatus which form part of the cockpit display system, navigation system (radar altimeter), weapon management system (computers and the unit for the dropping of payloads) and the flight control system. SELEX Galileo Italia is additionally the prime contractor for the passive infra-red PIRATE system, capable of identifying and tracking potential threats in a completely passive mode. This is one of the most advanced systems developed for the Eurofighter programme. The Eurofighter programme occupies a large part of the production facilities of SELEX Galileo in Italy, amongst which are Milan, Nerviano, Turin Caselle, Pomezia and Ronchi dei Legionari, with an overall workforce of around 800 persons.

***SELEX Communications** contributes to the programme through the provision of the majority of the aircraft's communications and navigation equipment. The SELEX Communications apparatus, installed in the aircraft of all the four nations participating in the programme, comprise: the IFF system for the identification of hostile and non-hostile targets; the MIDS Interface Unit (MIU); the Crash Survivable Memory Unit (CSMU); the Microwave Landing System/MultiMode Receiver (MLS/MMR) and the Distance Measuring Equipment - Precision (DME-P). Moreover, the company participates in the supply of the Communication Audio Management Unit (CAMU) and the V/UHF radio. **Avio** in Rivalta (TO), which holds a 20% share in the Eurojet production, is occupied with the management and assembly of the entire engine, as well as several test phases for the Italian Air Force. The complete low pressure turbine system, sub-divided into the stator and rotor (including the low pressure shaft), is assigned to, which is also responsible for the whole re-heat system, from the fuel control valves and the light alloy tubing, the fuel distribution and shut-off valves, the injectors, flame stabilisers, acoustic deflectors and the thermal shields. Additionally, a large part of the accessories which support the turbojet are the responsibility of Avio. Amongst these, the principal systems are the servo-controls for the variable nozzle (HPGU and actuators), components for the oil circuit, and the ignition system (HEIU and plugs). Avio is further involved with the supply partners in the development of new systems to continuously monitor the functioning and performance of the engines.*

***Sirio Panel** (100% SELEX Communications) serves the programme through the production of most of the cockpit instrumentation. The Sirio Panel equipment is in all four nations' aircraft, and represents the state of the art in the field of man-machine interface. The*

pannelli di controllo, le tastiere multifunzionali ed i display, sono stati progettati dallo staff tecnico Sirio Panel con il conseguimento di numerosi brevetti e sono prodotti interamente nello stabilimento di Montevarchi (AR).

Al di fuori del Gruppo Finmeccanica, le principali aziende coinvolte nel programma sono (in ordine alfabetico): l'**Aerea**, di Milano, che realizza gli eiettori AHDERU (Adanced Heavy Duty Ejector Releasae Unit) e ALDERU (Advanced Light Duty Ejector Release Unit) per i travetti dei carichi esterni, le rotaie di lancio per missili (MFRL e MEL), l'unità di sgancio dei serbatoi ausiliari (TEU) e il serbatoio ausiliario da 1.000 litri. L'**ASE**, di S.Giorgio su Legnano (MI), è prime contractor per l'intero sistema di generazione elettrica ausiliaria (APU) e fornisce inoltre l'unità di accensione del motore EJ200. La **Elettronica** di Roma costruisce il Missile Warning System ed elementi dei sistemi ESM (Electronic Support Measures) ed ECM (Electronic Counter Measures) del sistema DASS, come il jammer "Cross Eye". La **Gemelli** di Canegrate (MI) fornisce le cuffie-radio per le comunicazioni a terra senza fili tra i piloti e gli specialisti. La **Logic** di Milano provvede a realizzare la luce beacon e l'indicatore livello carburante. La **Magnaghi Aeronautica** di Napoli realizza l'attuatore dei flaperon esterni, le gambe di forza del carrello, il sistema frenante, l'accumulatore del sistema idraulico. La **Microtecnica** di Torino realizza gli attuatori delle leading edge, la valvola bypass del sistema di preraffreddamento e altri componenti minori. La **Northrop Grumman Italia** di Pomezia (RM) fornisce il sistema di navigazione inerziale laser e il GPS. La **OMA** di Foligno (PG) fornisce il modulo di freno parcheggio, l'ammortizzatore del gancio d'arresto, l'attuatore del tettuccio. La **Secondo Mona**, di Somma Lombardo (VA), fornisce, tra l'altro, le pompe di trasferimento carburante di fusoliera, dell'ala anteriore, e dei serbatoi ausiliari; le valvole di regolazione della pressione dei serbatoi esterni e interni, l'attuatore dell'aerofreno, l'unità di blocco e sgancio del parafreno, l'attuatore idraulico della scaletta incorporata e per il motore EJ200 l'unità di controllo carburante per il postbruciatore e le valvole di distribuzione e shut off del postbruciatore. La **SICAMB** di Latina realizza per l'Italia il seggiolino Martin Baker Mk.16A, il comando di eiezione di ambo i seggiolini dei biposto, ruote e freni del carrello principale. **Thales Italia** di Milano fornisce il sistema IOC TACAN. Altre aziende che partecipano al programma sono la **FIMAC**, la **Novurania** e la **Parker Hanifin**. ❑

EUROFIGHTER: L'IMPATTO ECONOMICO E INDUSTRIALE DEL PROGRAMMA

Nel febbraio 2008 è apparso uno studio indipendente commissionato da Eurofighter al Prof. Keith Hartley, del Centre for Defence Economics dell'Università di York. Lo scopo della ricerca era quello di evidenziare i benefici economici e industriali del programma Eurofighter. In breve, ne è risultato che il programma si è rivelato un successo di notevolissimo impatto per il sistema economico europeo, sotto diversi punti di vista. Dal punto di vista politico, ha consolidato la collaborazione tra Italia, Germania, Spagna e Gran Bretagna e favorito la crescita di uno spirito europeo nel settore della difesa; dal punto di vista strategico, ha consentito all'industria aeronautica europea di mantenere la capacità autonoma di realizzare un sistema d'arma complesso ed all'avanguardia, sviluppando la base tecnologica ed industriale; dal punto di vista operativo, oltre ad assicurare alle forze aeree un velivolo di caratteristiche superiori a quelle di qualunque potenziale avversario, ha contribuito ad aumentare la standardizzazione delle procedure tecnico-logistiche, addestrative e l'interoperabilità tra le nazioni; dal punto di vista economico, le economie di scala derivanti dalla cooperazione hanno consentito ad ogni nazione di dotarsi di un sistema d'arma che non sarebbero stati in grado di sviluppare e produrre autonomamente (fino al 75% di risparmio nei costi di ricerca e sviluppo); dal punto di vista industriale, ha consentito lo scambio di know-how; accelerato i processi di sviluppo tecnologico e favorito il processo di integrazione dell'industria aerospaziale in Europa.

Il programma Eurofighter sostiene, a lungo termine, oltre 105.000 posti di lavoro in circa 400 aziende nelle quattro nazioni partner: Italia, Germania, Regno Unito e Spagna. La qualità dei posti di lavoro garantiti da Eurofighter è molto elevata: ingegneri e tecnici di alto livello e impiegati ed operai altamente qualificati attivi nelle fasi di sviluppo, produzione e supporto. Esperienze professionali altamente appetibili per altre aziende del settore e non solo, grazie ad attività ad altissima tecnologia come i materiali avanzati, lo sviluppo di software, la simulazione, etc. (industria aeronautica, automobilistica, elettronica, etc.). Ogni ritardo nello sviluppo del programma ed eventuali riduzioni ha un impatto fortissimo su questo network di forza lavoro di alto livello

Il programma Eurofighter costituisce un centro di eccellenza per le alte tecnologie con elevatissimi trasferimenti nel settore civile, quali: fibre di carbonio (il Typhoon è al 70% in fibra di carbonio. Questa tecnologia garantisce alle aziende partner la leadership mondiale nel settore. Alenia Aeronautica in particolare ha beneficiato di questa esperienza per costruire il suo ruolo chiave nel programma Boeing 787) Sensor fusion, trasmissione dati con cavi a fibre ottiche, super plastic bonding, elettronica modulare (GPS, Data Bus, HUD), sistemi di controllo del volo, tecnologia motoristica. Sono apprezzabili forti ricadute dirette verso le industrie aerospaziale civile, automobilistica, e delle piccole e medie imprese attive come subfornitori. Vi sono anche ricadute indirette nei settori dei sistemi di generazione di energia, dei motori elettrici, dei macchinari da costruzione edile, degli equipaggiamenti da scavo, della sanità, della fotografia, dei materiali ad alta resistenza termica, e del software.

Rispetto ai concorrenti lo sviluppo e la produzione del programma Eurofighter ha registrato costi relativamente contenuti: 18 miliardi di euro per lo sviluppo, 36 miliardi di euro per la produzione di 620 aerei, 15-18 miliardi di euro per il supporto (anche il supporto comprende lo sviluppo di sofisticate tecnologie di avanguardia come ad esempio il programma ASTA, per l'addestramento dei piloti (simulazione) o i programmi WSS e IWSSS). I costi per il supporto operativo nel corso della vita del programma sono stimati pari al 50% dei costi di produzione. I costi di acquisizione dell'Eurofighter meno il ritorno del 60% derivante da tasse ed altri oneri producono un costo netto di acquisizione del 40%, ben inferiore a quello che sarebbe derivato dall'acquisizione di un caccia di produzione statunitense che, anche se costruito su licenza, avrebbe avuto un costo netto del 65-86%.

In più, la possibilità di export garantisce la crescita ed il mantenimento della forza lavoro attiva nel programma e l'ampliamento della base industriale europea nel campo delle altissime tecnologie, garantisce inoltre una diluizione dei costi di sviluppo con ulteriori benefici nella bilancia dei pagamenti del programma. La stima della bilancia dei pagamenti del programma Eurofighter prevede: ricavi per 9.5 miliardi euro, basati su una stima di 90 macchine a breve termine; nonché risparmi da mancate acquisizione di velivoli da altri paesi (33.5 miliardi di euro, esclusi i costi di supporto). L'impatto positivo netto sulla bilancia dei pagamenti dei paesi partner pari è quindi stimato pari a +43/63.5 miliardi di euro.

In conclusione, lo studio afferma che il programma Eurofighter Typhoon garantisce una serie di importanti benefici: il mantenimento in Europa di un'industria ad altissima tecnologia in un settore strategico come quello della difesa; l'indipendenza da altri fornitori di materiale per la difesa (quali Stati Uniti o Russia); la standardizzazione di equipaggiamenti tra le nazioni partner ed i clienti export; il risparmio di ingenti risorse economiche; il supporto a lungo termine di una base industriale europea; e il mantenimento della competitività internazionale dell'industria aerospaziale europea.

The Eurofighter programme: economic and industrial impact

In February 2008 an independent study commissioned by Eurofighter to Prof. Keith Hartley of the Centre for Defence Economics at the University of York was published. The aim of the research was to identify the economic and industrial benefits produced by the Eurofighter programme. In brief, it was reported that the programme was a success, with a notable impact on the European economic system registered on several levels. From a political point of view, it has consolidated the collaboration between Italy, Germany, Spain and Great Britain, and facilitated the growth of a European spirit in the defence sector; from a strategic point of view, it has permitted the European aerospace industry to maintain its autonomous capability to create a complex and avant-garde weapon system, developing its technological and industrial base; from an operational viewpoint, apart from delivering to the air arms involved an aircraft with characteristics far superior to those of any potential adversary, it has contributed to increasing the standardisation of technical, logistical, and training procedures, and interoperability between the nations; in economic terms, the economies of scale derived from cooperation have allowed each nation to equip itself with a weapon system that it would not have been capable of developing and manufacturing alone (up to 75% savings in terms of the cost of research and development); from an industrial aspect, it has enabled the exchange of know-how; accelerated the processes of technological development, and enhanced the process of the integration of the aerospace industry in Europe.

The Eurofighter programme supports, in the long term, more than 105,000 jobs in around 400 companies around the four partner nations: Italy, Germany, the United Kingdom and Spain.

The quality of work guaranteed by the Eurofighter is very high: engineers and technicians of the highest level, and highly qualified dependants and workforces active in the development production and support sectors. These are professionals which are highly desirable for other agencies in the sector, and outside it, thanks to activities at the highest level of technology such as advanced materials, software development, and simulation, etc. (aerospace industry, automotive industry, electronics etc.). Every delay in the development of the programme and possible reductions have a heavy impact on this network of workforces of the highest level.

The Eurofighter programme constitutes as centre of excellence for high technologies, with high rates of transfer to the civilian sector in areas such as carbon fibres (the Typhoon is 70% carbon fibre, this technology guarantees the partner agencies global leadership in the sector; Alenia Aeronautica in particular has benefitted from this experience by creating for itself key role in the Boeing 787 programme), and in sensor fusion, transmission using optical fibres, super plastic bonding, modular electronics (GPS, Data Bus, HUD), flight control systems, and engine technology. There is appreciably significant fallout into the civilian aerospace field, the automotive industries, and the small and medium businesses which serve as sub-suppliers. Indirect fallout cascade into sectors such as power generation, electrical engines, construction industry machinery, excavation equipment, health services, photography, high thermal resistance materials, and software.

In respect of its competitors, the Eurofighter production programme has incurred costs which are relatively contained: 18 billion Euro for development, 36 billion Euro for the production of the 620 aircraft, 15-18 billion Euro for support (also including the development of the sophisticated and avant-garde equipment such as the ASTA programme for pilot training (simulation) or the WSS and IWSSS programmes). The costs for operational support during the lifetime of the programme have been estimated to be some 50% of the production costs. The acquisition costs of the Eurofighter, minus the return of 60% derived from taxes and other debts, produce a net acquisition cost of 40%, far lower than that which would have arisen through the acquisition of an American-built product which, even if manufactured under licence, would have had a net cost of 65-86%.

Moreover, the export potential guarantees the programme's growth and the retention of an active workforce, the expansion of the European industrial base in the field of high technologies, and furthermore delivers a dilution of the development costs with further benefits to the balance of payments of the programme. The estimates for the Eurofighter balance of payments presume: Savings of 9.5 billion Euro, based on an estimate of 90 aircraft in the short term, as well as; further savings through the failure to purchase aircraft by other nations (33.5 billion Euro, excluding the support costs). The positive impact on the balance of payments of the partner nations is thus estimated at +43/63.5 billion Euro.

In conclusion, the study affirmed that the Eurofighter Typhoon programme is delivering an important series of benefits: the maintenance in Europe of a high technology industry in a strategic sector such as defence; independence from other defence equipment suppliers (such as the United States or Russia); the standardisation of equipment between the partner nations and export clients; a saving in valuable economic resources; long-term support of the European industrial base; and the maintenance of the international competitiveness of the European aerospace industry.

Sirio Panel products, such as the control panels, multifunctional keyboards, and the displays were all designed by the Sirio Panel technical staff and have been awarded several patents: they are entirely produced at the company's Montevarchi (AR) facility.

Outside of the Gruppo Finmeccanica, the principal firms engaged in the programme are (in alphabetic order): ***Aerea****, of Milan, which supplies the ejectors AHDERU (Adanced Heavy Duty Ejector Release Unit) and the ALDERU (Advanced Light Duty Ejector Release Unit) of the wing pylons, the launch rails for the missiles (MFRL and MEL), the detachment unit for the auxiliary tanks (TEU) and the 1,000 litre auxiliary tank.* ***ASE****, from S.Giorgio su Legnano (Milan), is the prime contractor for the entire auxiliary electrical power generating system (APU), and additionally supplies the starter unit for the EJ200 engine.* ***Elettronica*** *in Rome constructs the Missile Approach Warning System and elements of the ESM (Electronic Support Measures) and ECM (Electronic Counter Measures) sectors of the DASS.* ***Gemelli*** *in Canegrate (Milan) provides the headsets-radio for wireless communications between the pilots and the ground crews.* ***Logic****, in Milan provides the rotating beacon and the fuel level indicator.* ***Magnaghi Aeronautica*** *in Naples manufactures the actuators for the external flaperons, the shock absorbers for the undercarriage, the brake system, and the hydraulic system accumulator.* ***Microtecnica*** *from Turin produces the actuators for the leading edge, the bypass valve for the pre-cooling system and other minor components.* ***Northrop Grumman Italia****, based at Pomezia (Rome) supplies the inertial laser navigation system and the GPS.* ***OMA*** *in Foligno (Perugia) supplies the parking brake module, the damper for the arrester hook, and the canopy actuator.* ***Secondo Mona****, from Somma Lombardo (Varese), provides, amongst other components, the fuselage, trailing edge and auxiliary fuel transfer pumps; the pressure regulator valves for the internal and external tanks, the airbrake actuator, the lock and release unit for the brake parachute, the hydraulic actuator for the built in steps and, for the EJ200 engine, the fuel control unit for the afterburner and the fuel distribution and shut-off valves for the afterburner. In Latina* ***SICAMB*** *is the Italian manufacturer of the Martin Baker Mk.16A ejector seat, the ejection controls for both seats in the two-seat, and the wheels and brakes for the main undercarriage.* ***Thales Italia*** *in Milan provides the IOC TACAN system. Other industries which participate in the programme are* ***FIMAC****,* ***Novurania*** *and* ***Parker Hanifin****.* ❑

La parola ai protagonisti

Il sistema d'arma Typhoon

T.Col. Pil. Daniele Picco, Comandante del IX Gruppo, 2006-2008

16 marzo 2004. Un pomeriggio senza una nuvola nel cielo di un giorno speciale. Mi attende il primo volo su un sogno che inseguo da tanto: il Typhoon. Eseguo il giro esterno toccando muso, carrello, ali, motori, quasi fossero vivi. Poi salgo la scaletta. Un po' impacciato, come può esserlo chi, dopo aver provato e riprovato mentalmente a terra questo percorso si sente frastornato da tanta poderosa realtà. Lorenzo (l'allora Maggiore De Stefano, sperimentatore, capo team Eurofighter, paricorso ed amico) mi aspetta, già legato nel posto posteriore, sorridendo divertito. Mi lego, ricontrollando troppe volte le stesse cose, quasi volessi essere certo che sia veramente tutto vero. Poi chiedo corrente, ed il Typhoon prende vita. Abbasso il tettuccio. Pochi rapidi controlli, l'APU che velocemente si porta a regime e siamo già pronti per accendere i due EJ200 che rendono l'EF.2000 una potente meraviglia di tecnologia. Uno alla volta, motori in linea. Sono confuso, è bastato così poco. Chiedo conferma a Lorenzo dopo aver riletto per l'ennesima volta la checklist. Sono certo di essermi dimenticato qualcosa tanto è stato rapido. Eppure entrambi mi dicono che è ora di volare. Abbasso i foreplanes. Pochi check ancora; i freni, lo specialista che si stacca e mi fa segno che è tutto OK. Chiedo il taxi, convinto che a questo punto qualcuno dovrà pur fermare questo sogno, facendomi cascare dal letto. E invece mi muovo, il Colonnello Rosso, Comandante del 4° Stormo ed artefice di questo miracolo, mi saluta. Ricambio riconoscente. È merito suo se sono seduto qui, in cima al mondo, in questo meraviglioso istante. La pista è già lì davanti. "Dardo 01, canopy lock for lineup & takeoff". Sento solo il "cleared" il resto non ha molta importanza oggi. Il muso lentamente si volge ai tre chilometri di pista davanti. Chiedo a Lorenzo, una volta ancora, se è tutto a posto. Il cuore batte all'impazzata mentre osservo come in un film al rallentatore la mia mano che avanza le manette verso MAX RHT.

E accade tutto in un istante. La possente sensazione di essere schiacciati al seggiolino, la velocità che schizza verso la rotazione, il muso che si alza verso il cielo, mentre Lorenzo mi dice di continuare a tirare su deciso, in verticale. Il carrello è salito? Per fortuna gli automatismi di alcuni anni di volo sono rimasti. Mi guardo indietro. La pista è lì sotto, ed io mi allontano fermo sulla verticale del punto di rotazione, come un'astronave. Mi accorgo di aver trattenuto il fiato. Rido come un bimbo sulle giostre. E finalmente respiro di nuovo, con un'emozione nuova nel cuore. Sono un pilota di Typhoon.

Sono passati alcuni anni da quel giorno e la strada percorsa dagli Eurofighter dell'Aeronautica Militare Italiana è stata molta. La costante e quasi inaspettata affidabilità delle macchine consegnate al 4° Stormo ha consentito di far crescere senza interruzioni la comunità Typhoon nazionale, permettendo in breve il raggiungimento di traguardi ambiziosi. Prima Forza Armata delle nazioni del consorzio a schierare l'EF.2000 a difesa dei cieli nazionali nel dicembre del 2005, l'Aeronautica Militare ha potuto così apprezzare le potenzialità di una macchina fino ad allora cresciuta all'ombra di ritardi che ne avevano minato la credibilità. All'allarme nazionale sono seguiti i primi timidi tentativi di partecipazione ad eventi multinazionali, quali la Spring Flag del 2006, svolta da "red air" partendo e riatterrando su Grosseto. In quel contesto i segnali di valenza operativa della macchina si sono dimostrati subito chiari, nel confronto con piattaforme fino ad allora irraggiungibili come gli F-15I israeliani. L'ampia capacità di scoperta del radar, seppure ad uno standard configurativo non ancora ottimale, unita all'impressionante Situational Awarness fornita dal MIDS (il sistema di scambio di informazioni con le piattaforme Link 16 capable, come gli altri velivoli in rete, AWACS, stazioni GCI di terra e così via) hanno reso il confronto aereo BVR per i piloti di Typhoon un

The operators speak

The Typhoon weapon system

Lt.Col. Daniele Picco, Commander of the IX Gruppo, 2006-2008

16 March 2004. Not a cloud is in the sky in the afternoon of this special day. I am scheduled to make my first flight in a dream which I have been following for some time: the Typhoon. Conducting the external check, I touch the nose, undercarriage, wings, and engines, almost as thought they are alive. Then, I climb up the ladder, a little tentatively, as someone who has mentally gone over and over this path would feel when faced with the weighty reality of the situation. Lorenzo (the then Maggiore De Stefano, test pilot, head of the Eurofighter team, a fellow course member and friend) is waiting for me, already strapped into the rear seat, and smiling with amusement. He can read my thoughts, and watches me check the same items over and over again, as I seek to prove to myself that this really is actually happening. Then, I call for power, and the Typhoon comes to life. The canopy comes down. A few quick checks, the APU is brought up to operating regime, and we are ready to fire up the two EJ200 which make the EF.2000 a powerful technological marvel. One at a time, the engines come on line. I am confused: it is so simple. I ask Lorenzo to confirm all is well after reading the checklist for the hundredth time: I am certain that I've missed something, the procedure has been so rapid. But no, all is well, and he tells me that now is the time to fly. I lower the foreplanes. A few more checks; the brakes, the ground crew unplug, and signal to me that all is OK. I call for taxi, convinced that at this point something will break this dream and I will fall out of bed. However, I'm moving, and Colonel Rosso, Commander of the 4° Stormo and the maker of this miracle, salutes me: I return his salute. It is because of him that I am sitting here, on top of the world, at this marvellous moment. The runway is there ahead. "Dardo 01, canopy lock for lineup and takeoff". All I hear is "Cleared": the rest has no importance today. The nose turns into the 3 kilometres of runway ahead. I ask Lorenzo once again to confirm all is well. My heart is beating rapidly while I observe how slowly, almost like a slow motion film, my hand advances the throttle to MAX RHT.

Everything happens in an instant: the overwhelming sensation of being pressed back into the ejector seat, the acceleration towards rotation, the nose pointing up to the sky. Meanwhile, Lorenzo tells me to keep pulling back, entering a vertical climb. Is the gear up ? Luckily, the automatic reactions gained over my flying career mean that I have not forgotten. I look around: the runway is there below, and I am leaving it behind, stopped over head the rotation point, climbing like a space rocket. I realise that I'm holding my breath, and I laugh like a child on the carousel. Finally I breathe again, with a new emotion in my heart. I am a Typhoon pilot.

Some years have passed since that day, and the life of the Eurofighter within the Aeronautica Militare is fully established. The constant and almost unexpected reliability of the aircraft delivered to the 4° Stormo has permitted the almost uninterrupted development of the national Typhoon family, enabling the most ambitious targets to be quickly achieved. The first armed force of the nations in the consortium to assign the EF.2000 to its national air defence system in December 2005, the Aeronautica Militare has thus been able to appreciate the potential of an aircraft which until then had been seen only in the light of the delays which were affecting its credibility. National air defence was followed by the first tentative steps in participation in multi-national events, such as Spring Flag 2006, where the aircraft acted as "Red air", operating out of and returning to Grosseto. In this context, the signals concerning the validity of the aircraft soon came through clearly, particularly when confronted with platforms which until that point had been considered unbeatable, such as the Israeli F-15I. The extensive search capability of the radar, albeit at a configuration standard that had still not been optimised, coupled with the impressive

Sopra, *il T.Col. Daniele Picco ripreso al termine di una missione operativa durante l'operazione "Jupiter 3/2006"*. (D. Picco)
Nella pagina a fianco, *formazione di Typhoon del 4° Stormo.* (S. Pietropaoli)

Above, *Lt.Col. Daniele Picco taken after an operational mission during Operation "Jupiter 3/2006".*
In the other page, *formation of Typhoons from 4° Stormo.*

Situational Awarness provided by the MIDS (the information exchange system with the Link 16 capable platform, communicating with the other aircraft in the package, the AWACS, GCI ground stations, and so on) have rendered a BVR confrontation for Typhoon pilots a "game" that is easily winnable. All this is coupled with a simplicity of interface with the aircraft, which in reality creates a symbiosis between pilot and machine which is difficult to find elsewhere in the panorama of modern combat aircraft. In the meantime, the overall total of flying hours is growing at an increasing rate, and the single seat aircraft of Batch 2A have been joined by the more capable 2B, and finally by the Block 5, featuring the latest avionics standard relative to the radar, DASS, and Sensor Fusion.

The real test of the maturity of the system occurred during Spring Flag 2007, the first benchmark of deployability. Again in this case, the results on a tactical level left little room for doubts over the operational capability of the Typhoon, always victorious in the encoun-

"gioco" di "facile" risoluzione. Il tutto unito ad una semplicità di interfaccia con la macchina che realmente crea una simbiosi tra pilota e velivolo difficilmente riscontrabile altrove, nel panorama dei velivoli da combattimento moderno. Nel frattempo le ore di volo complessive sono andate via via aumentando a ritmi crescenti, ed i velivoli monoposto Batch 2A sono stati affiancati dai più performanti 2B, ed infine dai Block 5, con l'ultimo standard avionico relativamente a radar, DASS e Sensor Fusion. La prova del fuoco reale sulla maturità del sistema si è avuta con la Spring Flag del 2007, primo benchmark della deployability. Anche in questo caso i risultati sul piano tattico hanno lasciato poco spazio a dubbi sulla valenza operativa del Typhoon, sempre vincente negli scontri con le Red air, di qualunque "natura" esse fossero. Punto di forza, come già dimostrato nell'edizione dell'anno precedente, è stato il network di informazioni Link 16 di cui il velivolo può godere nei momenti caldi della missione. La possibilità di sfruttare la "picture" radar del gregario quando il proprio radar guarda altrove, la capacità di ricevere una "declaration" senza bisogno di comunicare verbalmente con il controllore seduto alla consolle dell'AWACS, unite alla possibilità di filtrare le informazioni non rilevanti, rendono l'arena tattica dell'Eurofighter un "semplice" esercizio di logica e di precisione nell'esecuzione delle tattiche aria-aria. Tutto ciò ha avuto ulteriore conferma a novembre dello stesso anno, con il primo Full corse Eurofighter volato dai piloti del IX Gruppo in Belgio. Nonostante alcune limitazioni di carattere tecnico burocratico abbiano impedito l'utilizzo del MIDS, i Typhoon nazionali hanno saputo, anche al TLP, dimostrare che l'Eurofighter è un asset-to su cui fare affidamento per difendere ciò che conta, "pacchetto" alleato o "high value asset" che sia.

Il 2008 si è aperto con nuove importanti sfide. Alla ormai consolidata tradizione della Spring Flag, volata anche quest'anno da Decimomannu con risultati tattici eccellenti, si aggiungeranno infatti le prossime campagne di tiro aria-aria con il cannone e l'Anatolian Eagle, esercitazione simile alla Spring Flag, che verrà volata in Turchia l'autunno prossimo.

Sul piano dei sistemi, accanto alle migliorie dell'avionica apportate con lo standard Block 5 e la provata efficacia dell'IRIS-T seppure in modalità analogica, si attendono nel prossimo futuro le introduzioni di HEA, PIRATE e il miglioramento della Sensor Fusion. L'HEA (Head Equiment Assembly), è un avanzato sistema di presentazione dei dati di volo/tattici sul visore semitrasparente del casco pilota, che consente, tra le altre capacità, il puntamento del missile IRIS-T attraverso il movimento della testa del pilota. Tale importante upgrade consentirà di sfruttare appieno le potenzialità del missile, in modalità digitale, permettendo finalmente di utilizzare l'intero campo di ricerca della testa, con evidenti vantaggi tattici nella "visual arena". IL PIRATE, ovvero il sistema FLIR/IRST integrato, già presente come hardware sui velivoli Block 5, il cui uso tuttavia non è ancora autorizzato, è una sofisticata evoluzione di sistemi già presenti su altri velivoli ma che grazie alla integrazione con le altre informazioni tattiche integrate dalla Sensor Fusion consentirà al pilota di Typhoon una reale capacità di ingaggio "silenzioso". E infine, per l'appunto, la piena Sensor Fusion, vero fiore all'occhiello dell'Eurofighter, ossia l'integrazione univoca dei dati di tutti i sensori, on-board e off-board a disposizione del velivolo, che garantisce al pilota una Situational Awarness senza eguali.

La strada che l'Eurofighter nazionale dovrà percorrere per raggiungere la piena maturità tattica è ancora lunga. L'integrazione di tutti i sistemi di bordo necessari per raggiungere la capacità aria-aria prevista dalle specifiche definite dal consorzio richiederà ancora alcuni anni. Allo stesso tempo la via verso l'aria-suolo intrapresa dalla RAF apre, per i partner non ancora interessati a queste potenzialità, ampie prospettive di sviluppo. Tuttavia ciò che appare evidente dopo questi primi anni di linea del Typhoon è che il programma è solido e che la macchina continua a rispondere con i fatti a chi ne aveva previsto un'evoluzione difficile, dimostrando sul campo la validità tattica di un velivolo che in volo non ha rivali. ❑

L'allora Magg. Picco e il Cap. Amort ripresi a Grosseto nel luglio 2004 prima di una missione addestrativa. (R. Niccoli)
Nella pagina a fianco, in alto, *i primi due Typhoon del 4° Stormo ripresi prima di una missione nel luglio 2004.* (R. Niccoli)
In basso, *un F-2000A armato con missili AIM-120B e AIM-9L rientra a Grosseto dopo una missione dell'operazione "Jupiter 02/2006".* (D. Picco)

The then Maj. Picco and Capt. Amort taken at Grosseto in July 2004, before a training mission.
In the other page, above, *the first two Typhoons from 4° Stormo taken before a training mission in July 2004.* Below, *an F-2000A armed with AIM-120B and AIM-9L missiles landing at Grosseto after a mission of Operation "Jupiter 02/2006".*

Il T.Col. Daniele Picco entra in Accademia nel 1988 con il corso "Ibis IV". Terminati gli studi nel 1992, si qualifica Pilota Militare su velivolo T-38 presso la scuola UPT dell'USAF a Vance AFB, Oklahoma nel maggio 1993. Tra giugno e novembre 1993 effettua la transizione e l'addestramento avanzato su G.91T, e quindi dal dicembre 1993 al maggio 1994 effettua la conversione operativa su F-104 presso il 4° Stormo. È quindi assegnato al IX Gruppo del 4° Stormo, dove nel 1996 assume il comando della 97a Squadriglia e l'incarico di Capo Nucleo Addestramento. Nel giugno 1997 partecipa a un corso Sicurezza Volo presso la scuola USAF di Albuquerque, Nuovo Messico. Nel 1997-98 è Capo Nucleo e poi Capo Sezione Operazioni del IX Gruppo e nel 1998 partecipa al corso NATO TLP. Tra l'ottobre 2000 e il marzo 2003 è assegnato in Exchange all'USAF, dove vola con gli F-16 presso il 162nd FW di Tucson, Arizona, e poi presso il 179th FW di Duluth, Minnesota. Nell'ottobre 2003 inizia la conversione su EF.2000 e diviene il primo pilota operativo italiano di Typhoon; dal 13 settembre 2006 al 5 agosto 2008 è Comandante del IX Gruppo. Nel luglio 2008, il T.Col. Picco è il primo pilota italiano a raggiungere le 500 ore di volo su Typhoon. Ha inoltre le qualifiche di istruttore su velivoli F-16 ed EF.2000, istruttore ITO, e ha un totale di 2.430 ore di volo. È laureato in Scienze Politiche e Scienze Aeronautiche.

achieve the air-to-air capability promised in the specifications defined by the consortium will still require several more years. At the same time, the road towards air-ground operations, as undertaken by the RAF, will open, for those partners not yet interested in exploiting this potential, further prospects for development. Nevertheless, what appears evident after the first few years of Typhoon line service is that the programme is solid, and that the machine continues to respond to the innovations which have made its evolution difficult, demonstrating in operations the tactical validity of an aircraft which in flight has no rivals. ❑

ters with Red air, irrespective of whatever "nature" they were. The strongpoint, as already demonstrated during the previous edition, was the Link 16 information network, which the aircraft could exploit during the most demanding phases of the mission. The possibility of exploiting the radar "picture" of a wingman, while your own radar is looking elsewhere, the capacity to receive a "declaration" without having to communicate verbally with the controller sitting at the console of an AWACS, united with the ability to filter out unwanted irrelevant information, renders the tactical arena of the Eurofighter a "simple" exercise in the logic and precision of air-to-air tactics. All this received further confirmation in the November of the same year, with the first Eurofighter Full Course flown by the pilots of the IX Gruppo in Belgium. Despite some limitations of a technical and bureaucratic nature which impeded the utilisation of the MIDS, the Italian Typhoons had been able to demonstrate, at the TLP, that the Eurofighter is an asset that can be depended upon to defend whatever is valuable, be it an allied "packet" or a "high value asset".

2008 opened with important new demands. To the now well consolidated tradition of Spring Flag, again flown from Decimomannu this year, and with excellent tactical results, there will be further tasks, such as the up-coming air-to-air cannon armament practice camp, and Anatolian Eagle, an exercise similar to Spring Flag, which will be flown in Turkey next autumn.

In terms of the systems, alongside the improvement to the avionics incorporated by the Block 5 standard and the proven capability of the IRIS-T, albeit in analog mode, on the horizon are the introduction of the HEA, PIRATE and the improvement of the Sensor Fusion. The HEA (Head Equipment Assembly) is an advanced system of presentation of the flight and tactical data on the semi-transparent visor of the pilot's helmet, which permits, amongst its other capabilities, the aiming of the IRIS-T missile through the movement of the pilot's head. This important upgrade will allow full exploitation of the potential of the missile, in digital mode, finally permitting the utilisation of the entire field of search of the missile head, with evident tactical advantages in the "visual arena". The PIRATE, the integrated FLIR/IRST system, already installed as hardware in the Block 5 variants, but yet to be authorised for operational use, is a sophisticated evolution of the systems already present on other aircraft, but which, thanks to the integration of other tactical information integrated by the Sensor Fusion will deliver a Typhoon pilot the real capability of "silent" engagement. And finally, there is the prospect of the full Sensor Fusion, the jewel in the Eurofighter crown, the complete integration of all the sensor, both on-board and off-board, available to the aircraft, which will guarantee a pilot Situational Awareness without equal.

The path that the Italian Eurofighters have to follow to reach full tactical maturity is still a long one. Integration of all the on-board systems, essential to

Lt. Col. Daniele Picco entered the Air Force Academy in 1988, in the "Ibis IV" course. Completing his studies in 1992, he qualified as a Military Pilot on the T-38 at the USAF UPT training at Vance AFB, Oklahoma, in May 1993. Between June and November 1993 he completed type conversion and advanced training on the G.91T, and then between December 1993 and May 1994 completed operational conversion onto the F-104 with the 4° Stormo. He was posted to the IX Gruppo of the 4° Stormo, where in 1996 he assumed command of the 97a Squadriglia and the role of head of the Training Section. In June 1997 he participated in a Flight Safety course with the USAF at Albuquerque, New Mexico. In 1997/1998 he was Head of the Operations Cell, and then Head of the Operations Section of the IX Gruppo, and in 1998 took part in a NATO TLP course. Between October 2000 and March 2003 he was given an Exchange posting with the USAF, where he flew the F-16 with the 162 FW at Tucson, Arizona, and then with the 179th FW at Duluth, Minnesota. In October 2003 he commenced conversion onto the EF.2000 to become an instructor pilot, and on 13 September 2006 was given command of the IX Gruppo.

Tutto in sette minuti

Magg. Pil. Alessandro Scaburri, 311° Gruppo, pilota dimostratore del Typhoon

Una dimostrazione di volo che impressiona per potenza e agilità quella effettuata dall'Eurofighter EF.2000 Typhoon, e l'onere e l'onore di portarlo in volo durante i "display flights" è assegnato quale compito di Istituto al 311° Gruppo del Reparto Sperimentale Volo. In considerazione delle caratteristiche di volo del Typhoon, lo scopo principale del display è quello di esaltare, nei sette minuti dell'esibizione, la potenza, la manovrabilità e l'agilità della macchina: la grande accelerazione, l'elevato rateo di rollio e soprattutto l'esiguo spazio di manovra necessario, che pochi altri aerei possono eguagliare.

Il velivolo può incrementare la propria energia partendo da una condizione di bassa energia (bassa quota e bassa velocità) continuando ad effettuare manovre molto strette sia orizzontali che verticali; a causa della potenza dei due motori Eurojet EJ200 (dieci tonnellate di spinta ciascuno a MAX REHEAT, o pieno postbruciatore) il pilota non può permettersi di "lasciare le briglie" al velivolo, che deve essere sempre tenuto sotto costante fattore di carico per mantenerlo nella zona del display (il fattore di carico medio "tirato" durante tutto il display è di circa 4,5g).

Le prestazioni del velivolo permettono di effettuare variazioni di velocità da 120 kts a 450 kts e contenere tutte le manovre di fronte al pubblico senza bisogno che quest'ultimo debba spostare lo sguardo a destra o a sinistra: praticamente il velivolo si trova sempre di fronte agli spettatori. Il rumore cupo ed assordante del motori, sempre in MAX RH, accompagna le evoluzioni e lascia un unico momento di "silenzio" durante il passaggio lento (per soli 15 secondi).

Con 4.000 Kg di carburante (17 tonnellate il peso totale del velivolo) sono pronto in pista per il decollo, la concentrazione è massima e (nonostante sia al terzo anno di presentazioni in volo), sono sempre leggermente "nervoso", voglio effettuare un bel display per soddisfare l'attesa paziente del pubblico, e non vedo l'ora di decollare per "tuffarmi" verso il cielo e non avere un momento di pace fino all'atterraggio.

Motori selezionati su MAX RH, rilascio i freni per arrivare alla rotazione a 130 KDAS (Knots Displayed Air Speed) dopo una corsa di circa 1.500 ft (in circa 5-6"); stacco le ruote da terra, retraggo il carrello e con 20° di angolo di attacco (Alfa) mi ritrovo in salita verticale nel momento esatto in cui i portelloni del carrello si chiudono. Controllo dagli specchietti del canopy il mio allineamento con la pista per effettuare un rollio di 90° e raccordare la manovra di Quadrifoglio, con top a 3.400 ft.

Sopra, *un F-2000A assegnato in prestito al Reparto Sperimentale Volo ripreso durante una dimostrazione acrobatica.* (Eurofighter)
Nella pagina a fianco, *il Magg. Alessandro Scaburri.* (A. Scaburri)

Above, *an F-2000A temporary assigned to the Test Wing taken during a display routine.*
In the other page, *Maj. Alessandro Scaburri.*

Con barra alla pancia riporto il velivolo verso la display line a 90° per impostare una virata Schneider iniziando ad una velocità di 350 KDAS. Quando punto la display line imposto un "high alpha roll", quando il velivolo rolla di 360° sull'asse longitudinale.

Una volta parallelo alla display line mi apro di 30° per impostare un mezzo otto cubano con il top a 2.400 ft; al rientro mi apro nuovamente per una Schneider a 350 KDAS effettuando un altro high alpha roll e rientrando per un looping "quadrato", sfruttando il pitch rate del velivolo per disegnare un quadrato nel cielo.

All in seven minutes

Maj. Alessandro Scaburri, Typhoon demonstration pilot

The Eurofighter EF.2000 Typhoon display routine is a demonstration of power and agility, and the duty and honour of flying these display flights is assigned as an institutional role to the 311° Gruppo of the Reparto Sperimentale Volo (Flying Test Unit). In consideration of the flying performances of the Typhoon, the principal aim of the display is to emphasise, in the seven minutes of the routine, the power, manoeuvrability, and agility of the machine: the incredible acceleration, the elevated rate of roll, and above all the reduced airspace required for it to perform these manoeuvres, a factor that few other aircraft can match.

The aircraft can increase its own energy departing from a condition of low energy (low altitude and low speed) while continuing to perform tight manoeuvres, both horizontal and vertical; because of the power delivered by the two Eurojet EJ200 engines (ten tonnes of thrust each at MAX REHEAT, or full afterburner) the pilot can never permit himself to let the aircraft run away, and it must be kept at a constant load factor to ensure that it stays within the display area (the average load factor pulled during the display is around 4.5g).

The aircraft's performance allows the demonstration of speed variations between 120 kts and 450 kts, and ensures that all the manoeuvres are performed in front of the public, without the need to direct the attention to the left or right to follow them: in practice the aircraft is always in front of the spectators. The dry throaty roar of the engines, always in MAX RH, accompanies the manoeuvres, and the sole moment of "silence" occurs during the slow pass (and then for only 15 seconds).

With 4,000 kg (8,810 lb) of fuel (the aircraft all-up weight being 17 tonnes-37,444 lb), I am on the runway ready for take-off, my concentration at maximum, and (despite this being my third display season), I am still slightly nervous. I want to give a good display to satisfy the expectant public, and I cannot wait to leap into the sky, knowing that I will not have a spare moment until I finally land.

Engines selected to MAX RH, I release the brakes and accelerate to rotation at 130 KDAS (Knots Displayed Air Speed) after a roll of around 1,500 ft (in some 5-6 seconds); the wheels lift off, I raise the gear, and with 20° Angle of attack (Alpha) I am in a vertical climb at the precise moment when the undercarriage doors close. Using the canopy mirror I check my alignment with the runway and perform a 90° roll to set up the four-leaf manoeuvre, with top at 3,400 ft.

With the stick in my stomach I bring the aircraft towards the display line at 90° to set up a Schneider turn commencing from a speed of 350 KDAS. When established on the display line I perform a "high alpha roll", the aircraft rolling 360° around its longitudinal axis.

Once parallel to the display line I open up to 30° to fly a half-Cuban eight with top at 2,400 ft; on recovery I again pull a Schneider at 350 KDAS followed by another high alpha roll and re-entering for a "squared" loop, exploiting the pitch rate of the aircraft to draw a square in the sky.

At the end of the descent, with the aircraft constantly using full afterburner, I open out for a maximum performance Schneider (stick full back utilising all the 9 g that the aircraft can pull and remaining around 1,000 to 1,500 feet from the runway) and hit the display line to perform a "roll under": the manoeuvre allows me to reverse the sense of turn by conducting an inverted half roll, at the end of which I finish up parallel to the display line and pull into a steep climb at 80°, then rolling the aircraft inverted, and closing the manoeuvre with the stick fully back and engines at Idle. I end up at 500 ft with the aircraft leveled and perform a barrel roll, aimed at chopping the speed and holding 120 KDAS during the slow pass (24° of Alpha); in this segment of the routine the public are able to admire the elegant lines of the aircraft, its delta wing, and the characteristic canards.

Despite this manoeuvre appearing very simple, in reality it requires maintenance of maximum concentration, although my mind is already thinking about the next phase, trying as much as possible to keep my mind ahead of the aircraft.

There are just a few seconds of peace before I again select the engines to MAX RH and establish the aircraft in a new power climb (a trick that few aircraft can perform after a slow pass) and another half Cuban, at the end of which I regain the display line for another loop (top at 3,000 ft and 200 KDAS) with the stick "to my belly".

The successive manoeuvre requires "full back stick" for a tight climbing turn (practically almost around myself) to approach the display line at 90° and reverse the direction of flight to perform a new loop in front of the public, showing off the triangle of the delta wing and the two afterburners of the powerful engines.

Back on top (3.000 ft and 200 KDAS) I set up a vertical dive towards the ground, perform a rapid rotation through 90° (to bring me parallel to the display line) and complete the manoeuvre to establish straight and level at 500 ft and 400 KDAS. With back stick (9 g available) I pull into a rapid climb at 70° to perform two high alpha rolls and set up the final inversion before the landing, the final manoeuvre, but the most important in terms of bringing the display to a conclusion.

Inverted, at 3,000 ft and 150 KDAS I call for landing clearance and commence the manoeuvre with full back stick and engines at Idle; the runway is practically beneath me, an error in setting up this recovery would leave me finishing up "too long" and being forced to overshoot. It is the final manoeuvre, but one of the most spectacular, as for the public it is both impressive and unusual to witness an aircraft land after a "half loop": the aircraft does not accelerate beyond 180 KDAS thanks to the drag produced by the 24° of Alpha, and I recover to around 40° nose down, 700 ft and 160 KDAS for undercarriage extraction. Landing gear down and locked is checked on short final, and with my approach speed around 140 KDAS I set up a flare with 14° of Alpha, just like the flight manual. Contact is followed by aerodynamic braking with 14° Alpha until

Al termine della discesa, con il velivolo costantemente in piena postcombustione, mi apro per una Schneider alle massime prestazioni (barra alla pancia utilizzando tutti i 9 g che il velivolo può tirare rimanendo a circa 1000-1500 ft dalla pista) e punto la display line per effettuare un "roll under": la manovra permette di invertire il senso della virata effettuando un mezzo tonneux rovescio, al termine del quale mi riporto parallelo alla display line per effettuare una salita ripida con 80° di assetto per portare il velivolo rovescio e chiudere il rovesciamento con barra alla pancia e motore ad idle. Termino a 500 ft con il velivolo livellato per effettuare un tonneau "sbottato" allo scopo di rallentare la velocità e mantenere 120 KDAS durante il "lento" (24° di Alfa); in questo momento dell'esibizione il pubblico può ammirare l'elegante linea estetica del velivolo, la sua ala a delta ed i caratteristici canard.

Nonostante la manovra sembri molto semplice, in realtà la concentrazione è sempre al massimo, e nella mia mente sono già proiettato verso la manovra successiva, cercando per quanto possibile di essere con la testa "davanti al velivolo".

Solo qualche secondo di tregua per poi selezionare i motori nuovamente su MAX RH ed accompagnare il velivolo in una nuova salita di potenza (peculiarità di ben pochi velivoli dopo un volo lento) ed un nuovo mezzo cubano al termine del quale ci si presenta sulla display a 350 KDAS per un altro looping (top a 3.000 ft e 200 KDAS) con barra alla pancia.

La manovra successiva richiede nuovamente "full back stick" per una stretta salita in virata (praticamente quasi sul punto) per puntare la display line a 90° ed invertire la direzione di volo per effettuare un nuovo looping di fronte al pubblico, permettendo di apprezzare la forma a triangolo (ali a delta) ed i due postbruciatori degli esuberanti motori.

Nuovamente al top (3.000 ft e 200 KDAS) mi riporto in picchiata verticale verso il suolo, effettuo una veloce rotazione di 90° (in modo da portarmi parallelo alla display line) e raccordo la manovra per essere in volo rettilineo a 500 ft e 400 KDAS. Imposto nuovamente con full back stick (9 g a disposizione) una salita ripida di 70° per effettuare due high alpha roll ed impostare l'ultimo rovesciamento per l'atterraggio, è l'ultima manovra ma anche la più importante per concludere correttamente il display.

Rovescio, 3.000 ft, 150 KDAS chiamo l'atterraggio e imposto la manovra con full back stick e motori ad idle; la pista è praticamente sotto di me, un errore nella fase di impostazione e potrei finire "troppo lungo", costretto ad una riattaccata. È l'ultima manovra ma anche quella più bella, penso che per il pubblico sia abbastanza impressionante ed inaspettato vedere il velivolo che atterra dopo un mezzo "looping": il velivolo non accelera oltre i 180 KDAS grazie alla resistenza prodotta dai 24° di alpha, e mi ritrovo con circa 40° a muso basso, 700 ft e 160 KDAS per l'estrazione del carrello.

Controllo le indicazioni di carrello giù e bloccato quando ormai prossimo al contatto con la pista, la velocità attorno ai 140 KDAS e raccordo l'atterraggio con 14° di Alfa come da manuale di volo.

Il contatto è seguito da un aerodynamic braking con 14° di Alfa fino a circa 110 KDAS, sotto i quali appoggio anche il ruotino per terra ed inizio una moderata azione frenante mentre i canard si portano in una posizione di 60° down (full dump) per aumentare la resistenza e permettere una frenata più efficace.

Libero la pista con ancora 1700 Kg circa di carburante a disposizione, sono ora sette minuti dal decollo e mi sembra di aver appena rilasciato i freni per il decollo: durante il volo il tempo si ferma, la concentrazione e' massima ed e' completamente devoluta al rispetto dei parametri di volo.

Sono molto contento, nonostante qualche piccolo errore che spero nessuno abbia notato al suolo; nonostante la fatica del volo, ogni volta che atterro da un display mi rendo conto (nel profondo) di essermi anche divertito! ❑

Il Maggiore Pilota Alessandro Scaburri è un Ufficiale Navigante proveniente dai Corsi Normali dell'Accademia Aeronautica. Ammesso con il Corso Orione IV nel 1992, ha effettuato le scuole di volo a Sheppard (scuola ENJJPT NATO in Texas – USA nel 1997) ed in seguito è transitato sul velivolo F-104 Starfighter (conversione operativa) al XX Gruppo OCU di Grosseto nel 1998. Pilota collaudatore, qualificato presso la scuola collaudatori EPNER (Istres – Francia) nella promotion Jacqueline Auriol 2002-2003, è giunto al Reparto Sperimentale Volo dopo l'impiego operativo quale pilota Combat Ready su F-104S.ASA Starfighter presso il IX Gruppo del 4° Stormo dove ha volato dal 1998 a maggio 2001. Scaburri è impegnato nel programma di sviluppo del velivolo Typhoon dal 2003, e ha iniziato l'attività dimostrativa nel 2006 sull'addestratore MB339CD, per poi passare nel 2007 sull'Eurofighter. Ha al suo attivo oltre 2.300 ore di volo su 26 diversi di velivoli, passando dal piccolo addestratore basico SF-260 al velivolo da trasporto C-130J.

Sopra, *il pannello frontale del Typhoon, dominato dall'Head-Up Display e dai tre ampi schermi multifunzione a cristalli liquidi.* (Eurofighter)
Nella pagina a fianco, *per la "Giornata Azzurra 2008", a Pratica di Mare, il Magg. Scaburri ha utilizzato il velivolo MM.7235, in prestito dal XII Gruppo.* (A. Mocchetti)

Above, *the front panel of the Typhoon, dominated by the Head-Up Dispaly and by the three large MFD screens.*
In the other page, *during the Italian Air Force show "Giornata Azzurra 2008", at Pratica di Mare, Maj. Scaburri used the MM.7235, on loan from XII Gruppo.*

around 110 KDAS, below which I lower the nose-wheel and commence moderate braking, while the canards are brought to a 60° down position (full dump) to increase drag and enhance the braking process.

I clear the runway with still around 1700 Kg (3,744 lb) of fuel available, just seven minutes after take off, and it seems to me that I have only just released the brakes for take-off: During the flight time stands still, my concentration is at a maximum, and is completely focussed on respect for the flight parameters.

I'm very happy, despite some small slips that I hope no-one on the ground has noticed; despite the fact that flying is my job, every time that I land after a display I never fail to realise that I have actually enjoyed it! ❑

Maj. Alessandro Scaburri is a Flying Officer who qualified from the standard Course of the ItAF Academy. Enlisted with the "Orione IV" Course in 1992, he completed flight training at Sheppard (the ENJJPT NATO school in Texas – USA in 1997) and subsequently passed onto the F-104 Starfighter (for operational conversion) at the XX Gruppo OCU at Grosseto in 1998. A test pilot graduate from the EPNER test pilot school (Istres – France) under the Jacqueline Auriol selection of 2002-2003, he joined the Reparto Sperimentale Volo after operational service as a Combat Ready pilot on the F-104S/ASA with the IX Gruppo of the 4° Stormo between 1998 and May 2001. Scaburri was involved in the Typhoon development programme since 2003, and commenced demonstration activities in 2006 in the MB339CD trainer, in 2007 moving on to the Eurofighter. He has more than 2,300 flying hours on 26 different types of aircraft, ranging from the small SF-260 basic trainer to the C-130J transport.

TYPHOON: UN NUOVO MODO DI FARE MANUTENZIONE

T.Col. Germano Longo, primo Comandante del 904° GEA, 4° Stormo, sino al 10 settembre 2008

Quando il primo velivolo EF.2000 arrivò al 4° Stormo, il 16 marzo 2004, pensai che stavo affrontando una sfida importante: manutenere un velivolo così sofisticato, provenendo da un sistema d'arma vecchio come l'F-104, sembrava allora un obiettivo non facile per me e per tutti i miei specialisti, ma l'entusiasmo di essere fra i protagonisti di un cambio epocale, non solo per lo Stormo, ma per tutta la Forza Armata e l'idea di competere con le altre tre nazioni dotate del nuovo velivolo mi ha dato la carica giusta per affrontare l'arduo compito. D'altronde lo stesso dilemma lo avevano vissuto i nostri colleghi di quaranta anni fa, quando l'F-86 fu sostituito dal glorioso Spillone, un cambiamento forse ancora più difficile da gestire.

All'arrivo del primo velivolo a Grosseto il responsabile della manutenzione sulla base era il BOSS (Batch One Support Service), costituito da una squadra di tecnici della ditta Alenia e Avio. Per circa due anni l'attività di volo dei Typhoon è stata gestita dal personale ditta, fino all'aprile 2006, quando questa responsabilità è passata al Gruppo Efficienza Aeromobili del 4° Stormo.

Durante il primo periodo gli specialisti militari hanno frequentato i corsi di qualificazione sui vari impianti del velivolo e iniziata la fase pratica di On Job Training, sempre sotto il controllo dell'Alenia. Quest'attività è servita per acquisire la confidenza tecnica necessaria per il successivo passaggio di responsabilità.

Ad oggi possiamo affermare di possedere le giuste competenze per gestire il nuovo sistema d'arma e soddisfare i requisiti richiesti dalle superiori Autorità: fornire i velivoli per l'addestramento dei piloti, svolgere il Servizio di Sorveglianza dello Spazio Aereo e acquisire e perfezionare la capacità di rischieramento al di fuori della nostra Base, sia in ambito nazionale che internazionale.

Per arrivare a questo risultato è stato necessario non solo acquisire le necessarie conoscenze tecniche, ma soprattutto adattarsi ad un nuovo modo di intendere la manutenzione e, più in generale, la logistica del nuovo velivolo.

Innanzitutto, essendo l'EF.2000 prodotto da un consorzio quadrinazionale, è stato necessario tenere in conto l'organizzazione tecnico logistica che integra i consorzi industriali delle ditte velivolistiche e motoristiche, Eurofighter ed Eurojet, l'agenzia NETMA, rappresentativa dei clienti, ed il Centro Nazionale di Supporto, costituito da varie componenti della Forza Armata e della Direzione Generale degli Armamenti. Il tutto filtrato dal 1° RMV di Cameri che è il responsabile tecnico logistico della linea.

Certamente i nostri colleghi del Tornado hanno avuto meno difficoltà ad orientarsi in questa grande organizzazione, essendoci già abituati, ma per noi ha sicuramente costituito un elemento nuovo al quale abbiamo dovuto adattarci al più presto.

Un altro aspetto estremamente importante nella gestione tecnica del velivolo è sicuramente il Ground Support System.

Il GSS è un sistema informatizzato, basato su una configurazione server-client e relativa rete, che monitorizza tutti i dati di volo e quelli di manutenzione; di fatto sarebbe un grave errore

Typhoon: a new concept in maintenance

Lt.Col. Germano Longo, first Commander of the 904° GEA, 4° Stormo, until September 10, 2008

When the first EF.2000 joined the 4° Stormo, on March 16, 2004, I realized that I was facing an important and demanding challenge: the maintenance of such a sophisticated aircraft, drawing on our experiences related to an old weapon system like the F-104, would seem to be a difficult objective for my engineers and I, but the enthusiasm to play a part in such a ground-breaking development, not only for the Stormo, but for the entire Aeronautica Militare, and the idea of 'competing' with the other nations operating the new aircraft, gave us the energy and determination to meet the new task.

We could not forget, however, that the same dilemma had affected our colleagues of some forty years ago, when the F-86 was replaced by the glorious Starfighter, a change that was probably even more difficult to manage.

When the first aircraft arrived at Grosseto the maintenance duties on the base were assigned to the BOSS (Batch One Support Service), constituted by a team of engineers from the Alenia and Avio companies. For around two years, Typhoon flying operations were managed by personnel from the companies, but in late April 2006 responsibility was passed to the Gruppo Efficienza Aeromobili of the 4° Stormo.

During the initial period our military technicians attended qualification courses on the various systems in the aircraft, and commenced the practical phase of On Job Training, again under the control of Alenia. This activity served to acquire the technical confidence essential for the subsequent transfer of responsibility.

Today, we can honestly claim to possess the requisite competences to manage this new weapon system, and to satisfy the demands placed on us by our superior authorities: provide aircraft to enable pilot training, guarantee the Service of National Airspace Surveillance, and to acquire the capability to deploy away from our home base, both within Italy and internationally.

To achieve this result it has been necessary not only to acquire the necessary technical skills but above all to adapt ourselves to a new system of conducting maintenance and, more generally, to the logistics associated with the new aircraft.

Primarily, as the EF.2000 is a product of a four-nation consortium, it has been essential to work in tandem with the technical and logistical organisation with integrates the airframe and engine manufacturers of the consortium, Eurofighter and Eurojet, the NETMA agency, which represents the clients, and the Centro Nazionale di Supporto (National Support Centre), constituted by various components of the Aeronautica Militare and the Direzione Generale degli Armamenti. All is filtered through the 1° RMV at Cameri, which holds the technical and logistical authority for the Typhoon fleet.

Sopra, *il T.Col. Germano Longo*
(R. Niccoli)
Nella pagina a fianco, un Typhoon ripreso durante una manutenzione.
(R. Niccoli)

Above, *Lt.Col. Germano Longo.*
In the other page, *a Typhoon taken during maintenance activity.*

It is certainly true that our Tornado colleagues had less difficulty in adjusting themselves to working in this large organisation, being already familiar with multi-faceted working practices, but for us it definitely constituted a new element to which we had to adapt in the shortest possible period.

Another extremely important aspect of the technical management of the aircraft is without doubt the Ground Support System. The GSS is an computerized system, centred around a server-client and related network configuration, which monitors all the flight data and maintenance records; to consider it just as a simple "add-on" to the weapon system would be a big error, as without the GSS the aircraft would never take to the air, nor even start its engines.

To better understand exactly why this IT support is so essential to the management of the aircraft, it is necessary to explore some of the functional characteristics of the EF.2000.

The aircraft is fitted with dozens of computers which analyse vast amounts of data at every working moment; the majority of this data travels between the various computers through several databusses, a kind of digital motorway; all this data traffic is controlled by computers which besides undertaking specific functions un respect of the various systems, are also configured as Bus Controllers; finally, within the aircraft there is a high number of sensors which record temperature and pressure in various areas of the aircraft, and the functional state of various components, such as valves, actuators etc.

This data miracle is constantly monitored by the auto-diagnostic system which represents a particular characteristic of the Typhoon: at the conclusion of a flight or a ground test it is possible to accurately check exactly how the various systems have performed, with the possibility of keeping track of the values of many functional parameters. The end result of this built-in test system is a file which is recorded into a solid state memory called PMDS (Portable Maintenance Data Storage); the contents of this "cassette" permits the maintainer to know what happened during a flight or a ground test. Apart from this data, which we can consider to be a fault list (Arising), before every flight the configuration of the aircraft is registered, in terms of external stores attached, such as missiles or supplementary fuel tanks, and the additional components in-

considerarlo come un semplice "add-on" del sistema d'arma, perché senza GSS il velivolo non può andare in volo, anzi, neanche mettersi in moto.

Per capire meglio perché questo supporto informatizzato sia così essenziale per la gestione del velivolo, occorre spiegare qualche caratteristica funzionale dell'EF.2000.

Il velivolo ha in dotazione decine di computer che analizzano moltissimi dati in ogni istante di funzionamento; la maggior parte di questi dati viaggia fra i vari computer su diversi databus, sorta di autostrade digitali; tutto questo traffico di dati viene controllato da computer che oltre a svolgere una specifica funzione nell'ambito dei vari impianti, sono adibiti anche a Bus Controller; infine sul velivolo sono presenti un numero elevatissimo di sensori che riportano temperature e pressioni di varie zone sull'aeroplano e lo stato di funzionamento di vari componenti, quali valvole, azionatori, ecc.

Questa miriade di dati viene costantemente controllata dal sistema di autodiagnostica che rappresenta una caratteristica peculiare del Typhoon: al termine di un volo o di una prova a terra è possibile controllare con accuratezza come i vari impianti abbiano lavorato, con la possibilità di tenere traccia dei valori di moltissimi parametri di funzionamento.

Il risultato ultimo del sistema di diagnostica è un file che viene registrato su una memoria a stato solido chiamata PMDS (Portable Maintenance Data Storage); il contenuto di questa "cassetta" consente al manutentore di sapere cosa è successo durante il volo o una prova a terra. Oltre questi dati, che possiamo considerare una lista di malfunzionamenti (Arising), viene registrata prima del volo la configurazione del velivolo in termini di carichi esterni quali missili e serbatoi supplementari e componenti installati.

Senza cassetta o con la cassetta, ma con dati non coerenti, il velivolo non può andare in moto e quindi in volo.

Questo sistema ha introdotto un nuovo modo di lavorare che tiene conto delle nuove necessità del sistema d'arma: è stato necessario introdurre nuove figure professionali quali amministratori di rete ed operatori GSS; inoltre tutti gli attori coinvolti nella gestione tecnica del velivolo, dagli Aircraft Manager agli specialisti dei vari impianti, hanno dovuto acquisire le capacità necessarie per operare sul sistema. Escludendo quelle inefficienze che risultano evidenti (pneumatici da sostituire, perdite idrauliche, ecc.), al ritorno del velivolo da una missione lo stato di salute del sistema viene valutato scaricando i dati dal PMDS, oltre che naturalmente dalle eventuali indicazioni fornite dal pilota: a fronte di ogni Arising generato viene valutata una azione manutentiva, ovvero un Maintenance Work Order che deve essere chiuso prima di mandare nuovamente in volo l'aereo.

La maggior parte delle indicazioni fornite sono "trasparenti" per il pilota, perché il principio adottato nella progettazione del sistema d'arma è stato quello di indicare al pilota solo quelle inefficienze che comportano o possono comportare situazioni pericolose o che impattano sullo svolgimento della missione, omettendo tutto il resto. Può quindi succedere, ed è successo, che durante il volo si sia spento uno dei motori, per un tempo brevissimo, e che il pilota non se ne sia accorto; solo allo scaricamento dei dati ci siamo resi conto di quanto era accaduto!

Quando si valutano gli Arising, ci si avvale ovviamente delle informazioni contenute nelle pubblicazioni tecniche, che meritano un discorso a parte.

Innanzitutto, a parte le Check-list ed il Dash one, il manuale pilota, tutti i manuali sono in formato elettronico: invece di avere scaffali pieni di raccoglitori disponiamo di un set di DVD contenenti tutto lo scibile Eurofighter!

La maggior parte delle pubblicazioni è costituita dai DM, Data Module, ovvero schede che riportano operazioni elementari di manutenzione; il loro formato è standardizzato e contiene tutte le informazioni necessarie per effettuare una specifica operazione: gli attrezzi necessari, l'eventuale AGE impiegato, la lista delle operazioni da effettuare, l'eventuale materiale di consumo da utilizzare, ecc. Le operazioni descritte dai DM sono realmente elementari, pertanto, a titolo di esempio, per fare un controllo su un determinato componente troveremo un DM per lo smontaggio del componente dal velivolo, uno per i controlli sullo stesso, uno per il rimontaggio ed eventualmente un ultimo riportante una procedura di verifica funzionale. Ovviamente in tutti i DM ci sono dei riferimenti ipertestuali che consentono di "saltare" da un DM all'altro, in modo da avere sempre a disposizione tutta la normativa necessaria.

L'unico aspetto negativo è la fruibilità di queste informazioni: finché si rimane a studiare un problema sulla scrivania, tramite un computer è abbastanza semplice cercare le informazioni e valutare l'impegno necessario per l'attività da espletare; se invece si lavora direttamente sul velivolo ciò non è possibile e quindi occorre stampare i DM necessari e portarli con sé, come si faceva con i manuali cartacei. E la stampa va fatta ogni volta perché dopo l'utilizzo i DM devono essere distrutti, sia perché si tratta di materiale riservato, sia perché in questo modo non si rischia di utilizzare documentazione non aggiornata (gli aggiornamenti avvengono ogni sei mesi circa, cambiando tutto il set di DVD, oppure con l'emissione di appositi documenti da parte dell'1° RMV e la Direzione Generale degliArmamenti).

Un altro aspetto che ritengo significativo della manutenzione sull'Eurofighter è quanto sia impegnativo avere una visione sistemistica del velivolo, ovvero una visione d'insieme quando si affronta una ricerca guasti.

Il Typhoon è un velivolo estremamente sofisticato con un altissimo grado di integrazione fra i vari sistemi; questo comporta che non è sempre chiara la relazione fra l'effetto (difetto riscontrato) e la causa. Per questo motivo è necessario da parte degli specialisti e degli ufficiali tecnici acquisire una conoscenza più approfondita di quella richiesta al 1° livello tecnico, che sarebbe di loro competenza, e sviluppare una conoscenza di base anche al di fuori delle proprie competenze specifiche. Ovviamente maggiore è l'esperienza accumulata e maggiore è la competenza tecnica che siamo in grado di utilizzare, ma rimane il fatto che, a differenza del precedente sistema d'arma, il personale tecnico ha dovuto elaborare un approccio assai più collaborativo fra le varie categorie (Airframe, Engine, Electrical, Avionic e Armament), ed approfondito di quanto fatto in passato.

Come tutti i velivoli moderni, anche il Typhoon necessita di un controllo continuo ed attento della sua configurazione: a seconda della versione del velivolo deve essere sempre chiaro cosa può essere montato e, vista la natura di questo sistema d'arma, oltre al controllo dei pezzi "fisici", è necessario fare altrettanto sul software installato sui vari computer.

Grazie ai vari supporti informatici il controllo di configurazione è per certi versi facilitato, ma dedichiamo non poche risorse a questa fondamentale funzione, in quanto comunque devono essere mantenute aggiornate la documentazione cartacea, le matrici di compatibilità hardware/software, utilizzate nella manutenzione degli apparati avionici, e le "anagrafiche" contenute nei sistemi informatici di sup-

stalled. Without the cassette, or with the cassette but with incorrect data, the aircraft is unable to start its engines and is therefore incapable of flight.

This system has introduced new working practices which reflect the new requirements imposed by the Typhoon system as a whole: it has been necessary to introduce new professional figures such as network administrators and GSS operators. Moreover, all the actors engaged in the technical management of the aircraft, from the Aircraft Manager to the engineers dedicated to the particular systems, have had to acquire the skills essential to operate the. Excluding those unserviceabilities which are self-evident (tyres in need of replacement, hydraulic leaks etc), when an aircraft returns from a missions the state of health of its systems is evaluated by downloading the data from the PMDS, in tandem with the analysis of any system faults reported by the pilot. Every Arising factor produced is met by a suitable maintenance response, a Maintenance Work Order, which must be resolved and signed off before the aircraft can return to flight. The greater part of the indications recorded will not be apparent to the pilot, as one of the design principals adopted for the weapon system was that of displaying to the pilot only those faults which were creating, or could create, dangerous situations, or which could impact on the conduct of the mission, omitting all the rest. It could occur, and in fact it occurred, that during a mission an engine has actually shut down for an istant, and the pilot has not been aware of the event: only when the data was downloaded were we able to inform him of what had occurred!

When the Arising are evaluated, we necessarily refer to the information contained in the technical manuals, which also are worthy of further discussion. Primarily, apart from the Check-lists and the Dash one, the pilot's manual, all the manuals are in electronic format. Instead of having shelves packed with box files, we hold a set of DVDs containing all the details of the Eurofighter!

The majority of the publications concern the DM, Data Module, records which trace the elementary maintenance operations; their format is standardised and contains all the information necessary to perform a specific operation, the equipment required, the specific AGE to be used, the list of operations to complete, the consumables to be used etc. The operations prescribed in the DM are really elementary, and so, for example, to complete a check on a particular component we visit a DM for the detachment of the component from the aircraft, one covering the checking of the part, another for re-installing the component, and a final DM which cov-

Due F-2000A del 4° Stormo ripresi durante attività di ispezione e manutenzione presso uno degli hangar del 904° GEA di Grosseto. (R. Niccoli)

Two F-2000A from 4° Stormo taken during inspection and maintenance activity inside one of the hangars of the 904° GEA at Grosseto.

A sinistra, *un Crew Chief del 4° Stormo verifica il corretto funzionamento dei sistemi di un velivolo prima del volo grazie al Maintenance Data Panel (MDP) del Typhoon, l'interfaccia informatico tra tecnico e velivolo. (R. Niccoli) Nella pagina a fianco, il M.llo 1a Classe Roberto Olla.* (R. Niccoli)

Left, *a Crew Chief from 4° Stormo checks the aircraft's systems before a flight, thanks to the Maintenance Data Panel (MDP), the technician-machine interface of the Typhoon. In the other page, M.llo 1a Classe Roberto Olla.*

porto. In definitiva il controllo di configurazione è fondamentale non solo perché permette di controllare il velivolo, ma anche e soprattutto perché un non corretto controllo avrebbe un impatto preoccupante sulla sicurezza del volo (basti pensare all'ATR-42 tunisino costretto ad ammarare senza carburante perché aveva montato uno strumento indicatore fuori configurazione).

Nella manutenzione del Typhoon, oltre a quanto già illustrato, ci sono molti altri aspetti interessanti che non è possibile trattare per ragioni di spazio, ma certamente non sarà sfuggito al lettore che questo nuovo sistema d'arma rappresenta davvero una svolta epocale per tutta l'Aeronautica Militare: da una parte abbiamo uno strumento estremamente sofisticato, con il quale è possibile compiere missioni operative molto complesse, dall'altra, perché il velivolo possa volare efficacemente ed in sicurezza, tutto il sistema logistico, con le sue varie articolazioni, deve operare di concerto lavorando come una singola squadra, sentendosi tutti attori principali di questa meravigliosa avventura. ❑

Il T.Col. Germano Longo è entrato in Accademia nel 1978 con il corso Urano 3, si è laureato in Ingegneria Aeronautica per essere poi assegnato al 37° Stormo, dove ha ricoperto l'incarico di capo sezione tecnica del 18° gruppo volo e vari incarichi nel Centro Manutenzione, lavorando sulla linea F-104. Nel 1988 è stato trasferito al 4° Stormo ed impiegato con vari incarichi presso il 4° RMV fino alla sua chiusura nel 2007, come Direttore Tecnico (dal 1993) e Lavori (dal 2004). Ha frequentato il corso Aircraft Manager EF.2000 nel 2004 ed è stato il comandante del 904° GEA sin dalla sua costituzione nel 2005. Da dicembre 2008, nell'ambito del programma Eurofighter, è Capo RAMI del IWCCS di Hallbergmoos, Monaco di Baviera.

L'orgoglio di lavorare sul Typhoon

Maresciallo di 1a Classe Roberto Olla, Crew Chief EF.2000 presso il 904° GEA

Lavoro da tre anni sull'Eurofighter come Crew chief, dopo aver operato sull'F-104 per ben 13 anni, con gli incarichi di Tecnico manutentore, Controllo qualità, nonché Crew chief, presso il 4° RMV, la clinica dello Starfighter. Permettetemi di dire, senza peccare di presunzione, che lo "Spillo" non aveva più segreti per me, e il giorno che ha cessato l'attività e gli ultimi velivoli hanno lasciato l'aeroporto "Baccarini", non nascondo che ho provato un po' di malinconia...

Il mio lavoro sul Typhoon consiste nell'approntare il velivolo per il volo: al mattino me ne viene assegnato uno che seguirò per tutta la giornata volativa. Dopo aver effettuato i controlli sia strutturali che avionici (è previsto, infatti, di alimentare il velivolo elettricamente per verificare che tutti i sistemi funzionino come dovrebbero), aver effettuato il rifornimento carburante e verificati tutti i livelli di lubrificanti e refrigeranti degli apparati presenti sul velivolo, firmo il libretto di volo dell'aereo e lo passo "pronto al volo". A quel punto attendo il pilota (o i piloti, nel caso di un biposto), per assisterlo/i durante l'accettazione, la messa in moto ed il successivo decollo. Al rientro dalla missione ripeto i controlli e le azioni sopra descritti e riappronto il velivolo per il volo successivo. Le soddisfazioni nell'operare su un velivolo del genere sono molteplici per me, ma la principale sta nel fatto che lavoro su un aereo fra i più avanzati del mondo, che ha consentito alla nostra nazione di essere finalmente all'altezza di altre aeronautiche europee e mondiali; inoltre ha consentito all'Italia di poter montare di QRA per prima fra le nazioni partecipanti al programma Eurofighter. Alla prima uscita ufficiale all'e-

ers the functional checking of the part when re-installed. Obviously, in all the DM there are hypertext references which allow the user to "jump" from one DM to another, enabling the constant availability of all the necessary parameters and regulations.

The sole negative aspect of this is the management of the availability of this information: if you study a problem on your desk, it is fairly easy to use a computer to seek out the required information and evaluate the actions necessary to resolve the problem. If, however, you are working directly on the aircraft this is not possible, and it has proved necessary to print out the required DMs and take them to the job, as would have occurred with printed manuals. Moreover, the printing must be done before every job, because after its use the DM has to be destroyed, because it is classified information, and because we cannot run the risk of utilising documentation which has not been updated (these updates occur around every six months, with the replacement of the entire set of DVDs, or when a specific Technical Instruction is issued by the 1° RMV).

Another aspect which I consider both significant and demanding in respect of the maintenance of the Eurofighter is the requirement to have a systematic vision of the aircraft, an all-encompassing overview when conducting a fault check. The Typhoon is an extremely sophisticated aircraft featuring a high grade of integration between the various systems; this can result in the fact that the relationship between the effect (the defect reported) and the cause is not always clear. For this reason it is essential for the line engineers and engineer officers to acquire a deeper understanding of the aircraft than that required for normal first level technical operations, which will be our role, and to develop a range of core skills which exceed our own areas of competence. Obviously were are accumulating greater experience, and developing the technical capabilities that we are capable of exploiting, but it remains the case that, in contrast to our previous weapon system, the technical personnel have had to develop an approach that is far more collaborative between the various specialities (Airframe, Engine, Electrical, Avionics and Armament), and far deeper understanding than that required in the past.

As in all modern aircraft, the Typhoon requires continuous and careful control of its configuration: depending on the version of the aircraft, it must be remembered exactly what kit can be fitted and, given the nature of this weapon system, besides checking the physical components, equal attention has to be paid to the software installed in the various computers.

Thanks to the various computerized support systems, the control of the configuration is in some respects greatly facilitated, but we are investing significant resources towards this fundamental function, as it is essential to maintain our printed documentation continually up to date, together with the hardware/software compatibility matrix, utilised in the maintenance of avionics apparatus, and the "anagrafic" contents of the support information systems. In substance the control of the configuration is fundamental, not only because it permits the checking of the aircraft, but also because an incorrect check could have a worrying impact on flight safety (just think of the Tunisian ATR-42 that was forced to ditch because it had been fitted with a fuel control indicator which was not in the correct configuration).

In respect of Typhoon maintenance, besides what has been covered here, there are many other interesting aspects which cannot be dealt with for reasons on space, but the reader should certainly be aware that this new weapon system represents a ground-breaking step for the entire Aeronautica Militare: on one hand we have an extremely sophisticated instrument, with which we are capable of conducting highly complex missions, while on the other, to ensure that the aircraft can fly efficiently and in safety, all the logistical system, in its various compartments, has to operate in harmony as a single team, with everyone playing a principal role in this marvellous adventure. ❑

Lt.Col. Germano Longo entered the ItAF Academy in 1978, with course Urano 3, and gained a degree in Aeronautics Engineering; he was then assigned to the 37° Stormo, where he worked as Chief of the Technical Section in the 18° Gruppo, and several posts in the Maintenance Centre, working on the F-104 line. In 1988 he was assigned to the 4° Stormo and employed with different tasks at the 4° RMV until its disbandment, in 2007, as Technical Director (since 1993) and Works Director (since 2004). In 2004 he attended the EF.2000 Aircraft Manager Course, and was appointed Commander of the 904° GEA since its establishment, in 2005. Since December 2008, within the Eurofighter programme, he is Chief of the ItAF Unit in the IWCCS at Hallbergmoos, Munich.

Proud to work on the Typhoon

Maresciallo 1a classe Roberto Olla, EF.2000 Crew Chief with the 904° GEA

I have been working on the Eurofighter as a Crew chief for three years, following some 13 years on the F-104 as a Technical maintainer, Quality Controller, and Crew chief with the 4° RMV, the Starfighter clinic. Let me say, without trying to be presumptuous, that the Starfighter held no secrets from me, and on the day that our operations stopped, and the last aircraft left the "Baccarini" airfield, I must confess that I suffered from just a little emotion...

My work on the Typhoon consists of preparing the aircraft for flight: I am assigned an aircraft in the morning, and I follow it throughout the rest of the day's operations. Having completed the structural and avionics checks (it is standard, in fact, to power up the electrical systems to check that all the systems are functioning as they should), refuelled the aircraft and checked all the lubricant and cooling levels, I sign the aircraft's technical record book and declare it "Pronto al volo" (ready for flight). At that point I wait for the pilot (or pilots, in the case of a two seat) on the flight line, and then assist them during their acceptance of the aircraft, during the start up, and subsequent departure. On returning from the mis-

stero, il corso TLP del IX Gruppo nel 2007, non abbiamo perso una sortita, con il 100% di efficienza. Le differenze con l'F-104? Con lo "Spillo" si lavorava con un cacciavite sempre in tasca, mentre con il Typhoon si lavora con i guanti, non ci si sporca mai le mani, salvo quando si fa rifornimento di carburante. I controlli delle "Cinque dita" sono ormai solo un ricordo: ora si chiamano Actuators Mouvement Checks, e li fa da solo il velivolo, una volta la settimana. L'EF.2000 è in un certo senso un velivolo "delicato", perché bisogna inserire nel computer di bordo le configurazioni del velivolo e poi è lo stesso computer che controlla i dati inseriti dagli specialisti con quelli che il pilota porta a bordo con la cassetta; se i dati non concordano l'aereo

"si ferma". Io e i miei colleghi siamo fieri di lavorare su una simile macchina, che non teme rivali. Quindi consentitemi una punta di orgoglio... ❑

Il Maresciallo di 1a Classe Roberto Olla è entrato in Aeronautica con il 77° Corso Normale della Scuola Sottufficiali di Caserta, ruolo Montatori, il 18 settembre 1990. È stato assegnato al 4° RMV di Grosseto a partire dall'agosto 1991, dove è stato impiegato presso la Sala Velivoli. Qualificato Crew Chief, si è qualificato su F-104S.ASA, Corso Cellula, e successivamente su ASA-M, seguendo tutti gli aggiornamenti della linea Starfighter. Si è infine qualificato Crew Chief su EF.2000 con il 2° Corso presso il 1° RMV di Cameri nel marzo 2005, effettuando la fase di On Job Training a Grosseto.

Un motore davvero avanzato

Maresciallo di 1a Classe Vincenzo Serpillo, Motorista EJ200 presso il 904° GEA

L'EJ200 è concettualmente molto diverso e molto più evoluto del J79 su cui avevo lavorato in passato. È infatti un motore bialbero, soluzione che permette di ottimizzare il rendimento del motore e riduce le dimensioni e gli ingombri dello stesso. L'EJ200 dispone di sistemi di monitoraggio informatici che segnalano eventuali presenze di particelle metalliche all'interno del propulsore che potrebbero essere dannose. Anche le attrezzature di supporto esterno sono molto più evolute, e grazie ai vari aspetti di modernità l'EJ200 vanta una maggiore efficienza rispetto al J79, anche se il nostro compito si ferma al primo livello tecnico. L'EJ200 è costruito sulla filosofia "On Condition", e i controlli con scadenza calendariale sono molto pochi, tipicamente alle 400 e 1.600 ore di funzionamento, e sono controlli molto meno pesanti da effettuare di quelli sul J79. L'efficienza che ci garantiscono questi motori è molto alta, soprattutto dopo che sono stati risolti alcuni piccoli problemi iniziali, tipo quello che veniva dal cono di scarico. C'è da dire che una parte della sperimentazione operativa di fatto è stata effettuata al reparto. Ad oggi sono stati fabbricati oltre 70 motori per l'Italia, tutti del modello Mk.101. I primi erano di una versione primaria (EIS), per l'entrata in servizio, poi sono giunti i motori FOC (Full Operational Capability) in cui nella turbina ad alta pressione le palette invece di essere singole sono in monoblocco con la tecnologia Blisk. Per quanto riguarda i rischieramenti, abbiamo certamente più materiale di supporto da trasportare al seguito, ma non vi sono affatto problemi di supportabilità. ❑

Il Maresciallo di 1° classe Vincenzo Serpillo si è arruolato il 22 settembre 1994, e ha frequentato l' 81° Corso Normale Allievi Sottufficiali presso la Scuola di Caserta. Il 1° novembre 1995 è stato destinato alla Sala Motori del 4° RMV di Grosseto con la mansione di Motorista; ha conseguito prima la qualifica su turbogetto J79-GE-19 per velivoli F-104S.ASA e successivamente quella su turbogetto J79-GE-11 per velivoli TF-104G. Dal novembre 1995 all'ottobre 2003 ha lavorato ai sopracitati turbogetti svolgendo mansioni di 1° e 2° Livello tecnico. Nel gennaio del 2004 ha frequentato il I° Corso di qualifica presso la ditta Alenia Aeronautica di Torino come Motorista sul motore EJ200. Dopo un breve periodo di affiancamento con gli specialisti della Alenia ha conseguito le qualifiche manutentive di C1 prima, e C2 poi, con mansioni di 1° Livello Tecnico.

sion I repeat the checks and other actions outlined above, and ready the aircraft for its next sortie. For me, there are many satisfactions to be gained from operating an aircraft of this type, but the principal one is due to the fact that I am working on one of the most advanced aircraft in the world, which permits our country to finally outclass other European and global air forces; it has, besides, allowed Italy to be the first country among the Eurofighter programme to assign the aircraft to QRA duties. During the first official operation abroad, the TLP course attended by the IX Gruppo in 2007, we never missed a sortie, with serviceability at 100%.

The differences from the F-104? On the Starfighter, you always worked with a screwdriver in your pocket, while on the Typhoon you work with protective gloves, and your hands never get dirty, except perhaps when replenishing the fuel. The "five finger" checks are now just a memory: now they are called Actuators Movement Checks, and the aircraft does them itself, once a week. The EF.2000 is in a certain sense a "delicate" aircraft, because the configuration of the aircraft must always be entered into the on-board computer, and it is the same computer that cross checks the data inserted by the ground crew with that brought aboard by the pilot in his cassette; if the data do not match, the aircraft "does not want to start up". I and my colleagues are proud to work on such a machine, which has no rivals. This gives me a true sense of pride... ❑

First Class Warrant Officer Roberto Olla enlisted in the ItAF with the 77° Course of the NCOs School at Caserta, on September 18, 1990. He was then assigned to the 4° RMV at Grosseto, since August 1991, where he was employed in the aircraft hangar. Qualified Crew Chief, he was then qualified on the F-104S.ASA, and later on the ASA-M, following all the technical modifications on the Starfighter fleet. Finally, he was qualified EF.2000 Crew Chief in the 2° Course at the 1° RMV at Cameri in March 2005, carrying out the On Job Training phase at Grosseto.

A TRULY ADVANCED ENGINE

MARESCIALLO 1A CLASSE VINCENZO SERPILLO, EJ200 ENGINE TECHNICIAN WITH THE 904° GEA

The EJ200 is conceptually far different and much more evolved that the J79 on which I worked in the past. It is in fact a two-stage engine, a solution which permits the optimisation of the output of the engine while reducing its dimensions and bulk. The EJ200 possesses a system of electronic monitoring which reports the possible presence of metal particles within the engine, which could be highly damaging. The external support equipment is also highly developed, and thanks to these various aspects of modernity the EJ200 offers far greater serviceability than the J79, albeit our work is restricted to first level technical interventions. The EJ200 engine is built around the "On Condition" philosophy, and there are very few scheduled checks, only those at 400 and 1,600 hour operational intervals, and they are far less demanding checks than those for the J79. The serviceability guaranteed by these engines is very high, even if we had to solve some initial teething problems, such as in the area of the exhaust cone. It can be said that some of the operational trials activity was in fact conducted by the unit on the field. Up to now more than 70 engines have been delivered to the ItAF, all Mk.101 models. The first were in a primary version (EIS), for the entry into service, but now we have the FOC (Full Operational Capability) engines, in which in the high pressure turbine the blades, instead of being single, are in monoblock with Blisk technology. In respect of deployments, we have certainly an increase in equipment that accompanies the aircraft, but there have been not real problems with the supportability. ❑

Sopra, *il M.llo 1a Classe Vincenzo Serpillo.* (R. Niccoli)
A sinistra, *uno specialista al lavoro sul carrello di un Typhoon.* (R. Niccoli)
Nella pagina a fianco, *il lavoro richiesto dall'EJ200 è senz'altro inferiore a quello del vecchio J79 impiegato sugli F-104.* (R. Niccoli)

Above, *M.llo 1a Classe Vincenzo Serpillo.* Left, *a technician at work on a landing gear.* In the other page, *the work requested by the EJ200 is by far inferior to that of the old J79, used by the F-104.*

First Class Warrant Officer Vincenzo Serpillo enlisted on September 22, 1994 and passed out from the 81° Corso Normale Allievi Sottufficiali at the Caserta NCO School. On November 1, 1995 he was posted to the Sala Motori (Engine Shop) of the 4° RMV at Grosseto, qualified as a Motorista (Engine Technician); he first gained his operational qualifications on the J79-GE-19 turbojets used in the F-104S.ASA aircraft, and subsequently qualified on the J79-GE-11 of the TF-104G. Between November 1995 and October 2003 he worked on these engines, performing first and second level maintenance operations. In January 2004 he passed out from the 1st Qualification Course held by Alenia Aeronautica in Turin as a Motorista on theEJ200 engine. After a short period working in conjunction with engineers from Alenia, he obtained C1, and then C2 maintenance qualifications, working through the range of first technical level interventions.

Fotoalbum
Photoalbum

Dall'alto, *i primi due TF-2000A del 4° Stormo in acrobazia sulla Toscana, nel maggio 2004* (Troupe Azzurra/AM); *un impressionante decollo dalla base di Grosseto con salita in verticale* (A. Sgarzi); *un atterraggio con parafreno sulla pista di Grosseto.* (Troupe Azzurra/AM)

From above, *The first two TF-2000A from 4° Stormo taken over Tuscany, in May 2004; impressive vertical climb after the take-off from Grosseto airbase; a landing with brake chute on the Grosseto runway.*

Dall'alto, *Un avvicinamento in coppia alla base di Grosseto; due immagini riprese durante l'armamento di un F-2000A con missili AIM-120B AMRAAM* (Troupe Azzurra/AM) Nella pagina a fianco, *avvicinamento notturno per un TF-2000A e una vista inusuale dall'alto per questo F-2000A del 4° Stormo.* (Troupe Azzurra/AM)

From above, *an approach in pairs to the base at Grosseto; two shots of the armament procedures of an F-2000A with AIM-120B AMRAAM missiles.* In the other page, *night approach for this TF-2000A, and unusual view from above for this F-2000A of the 4° Stormo.*

TYPHOON
EF-2000

Sopra, *I primi due TF-2000A del 4° Stormo in acrobazia sullo sfondo di Punta Ala, maggio 2004.* (Troupe Azzurra)
Nella pagina a fianco, dall'alto, *due immagini di una missione addestrativa serale, nel gennaio 2005, e una vista al tramonto dell'MM.55093 ("4-1"), nel gennaio 2005.* (R. Niccoli)

Above, *the first two TF-2000A of the 4° Stormo during aerobatics on the background of the Tuscany coast.*
In the other page, from above, *two pictures of an evening training mission, in January 2005, and a sunset view of the Grosseto flightline, in January 2005.*

Dall'alto, *Ricongiungimento in formazione con aerofreno aperto per il velivolo "4-2" (MM.7286)* (4° Stormo)*; una coppia del 4° Stormo ripresa in volo al alta quota; una coppia di TF-2000A sulla zona di Orbetello nel luglio 2007.* (Troupe Azzurra/AM)

From above, *rejoining the formation with the airbrake open for aircraft "4-2" (MM.7286); two F-2000A from 4° Stormo during high altitude flight; two TF-2000A over the Tuscany coast near Orbetello, in July 2007.*

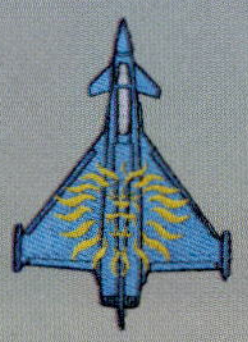

Sopra, *in volo a bassa quota sul mare, gennaio 2005.*
A destra, *il Magg. Balestri (a destra) e il Cap. Amort dopo una missione cancellata, luglio 2004* (R. Niccoli).
In basso, *in occasione della vittoria della Nazionale italiana ai Mondiali di Calcio 2006, il velivolo MM.7278 ("4-12") ricevette questo speciale stemma sulla deriva.* (Eurofighter)

Above, *low level over the sea in a winter day, January 2005.*
Right, *Maj. Balestri (right) and Capt. Amort after an aborted mission, July 2004.*
Below, *to celebrate the victory of the Italian National football team at the 2006 World Championship, the 4° Stormo painted this badge on MM.7278 ("4-12").*

Dall'alto, *salita ad alte prestazioni dopo il decollo per questo TF-2000A* (Troupe Azzurra/AM)*; atterraggio in coppia per due TF-2000A a Grosseto, luglio 2004; in rullaggio al rientro da una missione, ancora con il parafreno aperto.* (R. Niccoli)

From above, *high performance take-off for this TF-2000A; landing in pairs for two TF-2000A at Grosseto, July 2004; taxiing after landing, still with the brake chute open.*

Dall'alto, *due TF-2000A nell'hangar del IX Gruppo; velivoli biposto pronti per il decollo dalla linea di volo del IX Gruppo nel luglio 2004; ultimi controlli per un TF-2000A prima di una missione notturna, nel gennaio 2005.* (R. Niccoli)

From above, *two TF-2000A inside the IX Gruppo hangar; two seaters ready to take off from the IX Gruppo flight line, in July 2004; last checks for a TF-2000A before a night sortie, in January 2005.*

Sopra e a destra, *due immagini del velivolo "4-7" (MM.7273) durante il volo di trasferimento verso Ankara, per partecipare al salone della difesa IDEF, nel settembre 2005* (A. Sgarzi); in basso *l'F-2000A "4-6" (MM.7235, velivolo ISPA2) ripreso sulla linea di volo del IX Gruppo nell'ottobre 2005.* (R. Niccoli)

Above and right, *two views of aircraft "4-7" (MM.7273) taken during the cross country flight to Ankara, to participate to the IDEF defence salon, in September 2005.* Below, *F-2000A "4-6" (MM.7235, aircraft ISPA2) taken on the IX Gruppo flight line in October 2005.*

4

In questa pagina, *varie immagini di attività a Grosseto nel settembre 2007, quando la linea di volo del 4° Stormo era già stata trasferita nel nuovo complesso di dieci soft shelter. Due immagini si riferiscono al velivolo MM.7271 (ex "4-5") il primo a ricevere le nuove insegne prima di essere assegnato al XII Gruppo del 36° Stormo, come "36-12".* (R. Niccoli)

In this page, *operational activity at Grosseto in September 2007, when the 4° Stormo flight line had already been moved to the new soft shelter complex. Two pictures refer to aircraft MM.7271 (former "4-5"), the first to receive the new badges before being assigned to the XII Gruppo of 36° Stormo.*

In questa pagina, *attività serali e notturne sulla base di Grosseto, nel settembre 2007.* (R. Niccoli)

In this page, *evening and night activity on the base at Grosseto, in September 2007.*

Dall'alto, una coppia di F-2000A del XII Gruppo del 36° Stormo ripresi in volo sul Mar Ionio, nel maggio 2008 (R. Niccoli); il primo Typhoon del XII Gruppo, il "36-12" (MM.7271) ripreso sulla base di Gioia del Colle il 1° ottobre 2007. (Troupe Azzurra/AM); il velivolo MM.7273 ("36-02", ex "4-7") in rullaggio a Gioia del Colle prima di una missione notturna. (R. Niccoli)

From above, two F-2000A from XII Gruppo of 36° Stormo taken in flight over the Ionian Sea, in May 2008; the first Typhoon of XII Gruppo, "36-12" (MM.7271) taken on the ramp at Gioia del Colle on October 1, 2007; Typhoon MM.7273 ("36-02", formerly "4-7") taken while taxiing at Gioia del Colle before a night sortie.

Dall'alto, due Typhoon del XII Gruppo dotati di un singolo serbatoio ventrale da 1.000 litri, che rimane "trasparente" per le prestazioni, non penalizza cioè in alcun modo il velivolo; un decollo da Gioia del Colle in MAX REHEAT; il velivolo "36-02" rientra al parcheggio dopo una missione. (R. Niccoli)

From above, two Typhoons from XII Gruppo equipped with a single 1,000 litres tank in ventral position, a configuration which does not affect at all the performance of the aircraft; a take-off in MAX REHEAT from Gioia del Colle; aircraft "36-02" taken at the parking back from a mission.

Sopra, *due Typhoon del XII Gruppo in volo sul Mediterraneo* (Troupe Azzurra/AM); *velivoli sulla base di Gioia del Colle all'interno e all'esterno degli shelter corazzati; il Cap. Cesario del XII Gruppo e un Crew Chief al termine di un volo.* (R. Niccoli)

Above, *two Typhoons from XII Gruppo in flight over the Mediterranean Sea; flight operations inside and outside the hardened shelters of the base at Gioia; Capt. Cesario of XII Gruppo and a Crew Chief postflight.*

Un Typhoon del XII Gruppo al rientro da un volo a Gioia del Colle. (R. Niccoli)

A Typhoon from XII Gruppo back at its parking after a flight from Gioia del Colle.

Dall'alto, *il "4-2" (MM.7286) del 4° Stormo equipaggiato con due serbatoi subalari e un missile da addestramento IRIS-T ripreso all'atterraggio a Decimomannu, durante la "Spring Flag 2008"; due viste del velivolo "4-15" (MM.7282) ripreso in rullaggio a Decimomannu durante l'esercitazione "Spring Flag 2007"*. (R. Niccoli)

From above, *aircraft "4-2" (MM.7286) from 4° Stormo, equipped with two auxiliary fuel tanks and one IRIS-T training missile taken while landing at Decimomannu, during exercise "Spring Flag 2008"; two views of "4-15" (MM.7282) taken while taxiing at Decimomannu during the "Spring Flag 2007"*.

Dall'alto, il "36-01" (MM.7276, ex "4-3") all'atterraggio a Decimomannu nel corso della "Spring Flag 2008", la prima a cui ha partecipato il XII Gruppo con il nuovo caccia; Typhoon biposto e monoposto del 4° Stormo al punto attesa prima di decollare da Decimomannu per una missione della "Spring Flag 2007"; la linea di volo Eurofighter a Decimomannu, durante la "Spring Flag 2008". (R. Niccoli)

From above, "36-01" (MM.7276, formerly "4-3") lands at Decimomannu during the "Spring Flag 2008", the first attended by the XII Gruppo with the new fighter; Typhoon single and two-seaters at the holding position before taking-off for a mission of "Spring Flag 2007"; the Eurofighter flight line at Decimomannu, during the "Spring Flag 2008".

Dall'alto, *il terzo Typhoon del 4° Stormo a portare il codice "4-3" è l'MM.7287, l'ultimo monoposto Block 5 della Tranche 1 per l'Italia, ripreso al decollo da Grosseto, nell'ottobre 2008; il TF-2000A "4-26" (MM.55128) è stato il primo Typhoon italiano a ricevere l'aggiornamento R2* (R. Niccoli); *linea di volo di TF-2000A a Grosseto ripresa nel settembre 2007, in primo piano il velivolo "4-31" (MM.55093, ex "4-1").* (Eurofighter)

From above, *the third Typhoon of 4° Stormo to wear the code "4-3" is MM.7287, the last Block 5 single seater of the Italian Tranche 1, here taken at the take-off from Grosseto in October 2008; TF-2000A "4-26" (MM.55128) was the first Italian Typhoon to undergo an R2 upgrade; TF-2000A flight line at Grosseto in September 2007, the aircraft in the foreground is "4-31" (MM.55093, formerly "4-1").*

Sopra e a destra, *il TF-2000A "4-33" (MM.55130) e l'F-2000A "4-3" (MM.7287) ripresi al decollo da Grosseto per una missione notturna, nell'ottobre 2008.* In basso, *la sala di controllo della linea di volo del 4° Stormo e a sinistra, il T.Col. Andrea Argieri (Comandante del IX Gruppo dal settembre 2008) con il Crew Chief M.llo Roberto Olla durante i controlli prevolo.* (R. Niccoli)

Above and right, *TF-2000A "4-33" (MM.55130) and F-2000A "4-3" (MM.7287) taken at the take-off from Grosseto for a night mission, in October 2008. Below, the control room of the flight line at Grosseto and, left, Lt.Col. Andrea Argieri (IX Gruppo Commander since September 2008) and Crew Chief Roberto Olla during the preflight checks.*

Sopra, *il "36-03" (MM.7272, ex "4-2") ripreso durante una trasformazione in ala che denota l'elevatissima manovrabilità del Typhoon* (Troupe Azzurra/AM). *Sotto il TF-2000A "4-3" (MM.55094) ripreso durante una missione serale, nel dicembre 2004.* (A. Sgarzi)

Above, *"36-03" (MM.7272, formerly "4-2") taken during a change in formation which highlights the superior handling qualities of the Typhoon. Below, TF-2000A "4-3" (MM.55094) taken during an evening sortie, in December 2004.*

Sopra, il *"36-12" (MM.7271) ripreso ad alta quota sul Mediterraneo, nel novembre 2007 (via V. Cracas); sotto, un velivolo del XII Gruppo effettua uno zoom da bassa quota sull'Appennino, nel gennaio 2008.* (Troupe Azzurra/AM)

Above, *F-2000A "36-12" (MM.7271) flies high over the Mediterranean, in November 2007; below, a zoom from low level over the Apennines for this XII Gruppo aircraft, in January 2008.*

Due viste del "36-03" (MM.7272) in volo sugli Appennini nel gennaio 2008. (Troupe Azzurra/AM)

Two photos of "36-03" (MM.7272) in flight over the Apennines, in January 2008.

Sopra, *due Typhoon del 4° Stormo (Cap. Bertoli e Laudizi) effettuano il primo rifornimento da un VC.10K della RAF durante il corso NATO TLP, il 4 dicembre 2007.* (4° Stormo) Sotto, *i velivoli "4-13" (MM.7280) e "4-4" (MM.7279) in volo sul Mar Tirreno nel gennaio 2007.* (Troupe Azzurra/AM)

Above, *two Typhoons from 4° Stormo (Capts Bertoli and Laudizi) carry out the first in-flight refuelling from a RAF VC.10K during the NATO TLP course, on December 4, 2007. Below, "4-13" (MM.7280) and "4-4" (MM.7279) in flight over the Tyrrhenian Sea in January 2007.*

Nella pagina a fianco, sopra, *due velivoli del 4° Stormo in cooperazione con un E-3A AWACS della NATO* (Troupe Azzurra/AM); sotto, *formazione "pesante" di dodici Typhoon (più il 13° da cui è stata scattata la foto) in occasione del cambio di comando al 4° Stormo, il 3 settembre 2008.* (4° Stormo)

In the other page, above, *two Typhoons in cooperation with a NATO E-3A AWACS; below, "heavy" formation of 12 Typhoon (plus the 13th with the photographer) on occasion of the change of command at the 4° Stormo, on September 3, 2008.*

Dall'alto, un F-16C turco guida all'atterraggio i tre Typhoon del 4° Stormo, durante l'esercitazione "Anatolian Eagle 2008/3" sulla base di Konya, nel settembre 2008; primo piano per il Cap. Federico Pasqui, durante il volo di trasferimento a Konya, nel settembre 2008; il "4-2" (MM.7286) ripreso al parcheggio sulla base di Konya. Notare sotto l'ala la presenza del pod BGT AACMI impiegato per il monitoraggio delle missioni durante le esercitazioni complesse. (4° Stormo)
Nella pagina a fianco, I velivoli "4-2" (MM.7286) e "4-21" (MM.7284) ripresi in volo durante l'esercitazione "Anatolian Eagle 2008/3". (4° Stormo)

From above, a Turkish F-16C leads to land the three Typhoons from 4° Stormo participating to exercise "Anatolian Eagle 2008/3", on the base at Konya, in September 2008; Capt. Federico Pasqui during the cross country flight to Konya; aircraft "4-2" (MM.7286) taken at the parking at Konya. Note the BGT AACMI pod under the wing, used to monitor the missions during complex exercises.
In the other page, aircraft "4-2" (MM.7286) and "4-21" (MM.7284) taken in flight during exercise "Anatolian Eagle 2008/3".

4-21

Typhoon
4-2

Le altre forze aeree

Royal Air Force

La RAF ha introdotto in servizio il Typhoon il 30 giugno 2003, quando il velivolo ZJ803 fu ufficialmente accettato. I velivoli monoposto furono designati F.2 e i biposto T.1 e T.1A. La Tranche 1 prevede 31 monoposto e 18 biposto; la Tranche 2 comprende 85 monoposto e sei biposto; la Tranche 3 include 75 monoposto e 13 biposto. La prima fase delle attività fu gestita secondo quanto predisposto dal "Case White", il programma di introduzione in servizio che prevedeva l'effettuazione delle prime attività addestrative presso la BAE Systems a Warton, in modo da lavorare in modo congiunto sulla formazione del primo lotto di personale. Il Case White fu articolato in 1.040 sortite e 1.300 ore di volo, che produssero 14 piloti istruttori per l'Operational Conversion Unit e sei piloti per l'Operational Evaluation Unit, più 166 specialisti. Nel settembre 2003 fu ricostituito il 29 (Reserve) Squadron, destinato a diventare l'OCU; il programma di volo ebbe inizio invece il 18 dicembre 2003, con le consegne al n°17 (R) Squadron (OEU). Terminato il

Sopra, *una coppia di Typhoon T.1 del n°29 (R) Squadron in volo sul Mar del Nord.* (Crown Copyright) Nella pagina a fianco, *un Typhoon della RAF al tramonto; un velivolo del n° 17 (R) Squadron (OEU) in formazione con un Sukhoi SU-30MKI ripresi nel luglio 2007 durante l'esercitazione "Indradhanush" il rischieramento a Waddington di una cellula dell'aeronautica indiana.* (Eurofighter) Above, *two Typhoons T.1 from no.29 (R) Squadron over the North Sea.* In the other page, *a RAF Typhoon at sunset; an aircraft from no.17 (R) Sqn (OEU) in formation with a Sukhoi Su-30MKI in July 2007, during exercise "Indradhnush", the deployment of an Indian AF cell to RAF Waddington.*

The other air forces

ROYAL AIR FORCE

The RAF introduced the Typhoon into service on June 30, 2003, when aircraft ZJ803 was officially accepted. The single seat aircraft were designated Typhoon F.Mk.2, and the two seat versions T.Mk.1 and T.Mk.1A. Tranche 1 covers 31 single seats and 18 two seats; Tranche 2 comprises 85 single seats and six two seats, and Tranche 3 includes 75 single seats and 13 two seat aircraft. Initially British Typhoon activity was managed under the strictures established by "Case White", the service introduction programme, which arranged for the early training operations to be conducted at BAE Systems Warton, enabling joint working in the training of the first batch of personnel. Case White covered 1,040 sorties and 1,300 flying hours, with the aim of producing 14 instructor pilots for the Operational Conversion Unit and six pilots for the Operational Evaluation Unit, plus 166 engineers. In September 2003, 29 (Reserve) Squadron was reformed, destined to become the OCU; the flying programme commenced on December 18, 2003 with deliveries to 17 (R) Squadron (OEU). On completion of the training programme, on April 1, 2005, 17 (R) Squadron was relocated to

Un Typhoon F.2 mostra la configurazione da QRA della RAF: Quattro missili AMRAAM più quattro ASRAAM e due serbatoi ausiliari da 1.000 litri.
Nella pagina a fianco in alto, *il Typhoon F.2 ZJ929 del n°3 (F) Squadron pilotato dal Wing Commander Lol Bennett inaugura il servizio di QRA con la RAF, il 29 giugno 2007.* (Eurofighter)

Qui e nella pagina a fianco in basso, *formazione di nove Typhoon del n°3, XI e 29 Squadron preparata per il sorvolo di Buckingham Palace in occasione del compleanno della Regina Elisabetta II, nel giugno 2007.* (Eurofighter)

Typhoon F.2 ZJ929 from no.3(F) Sqn piloted by Wing Commander Lol Bennett inaugurate the QRA service within the RAF, on June 29, 2007.
In the other page, above, a Typhoon F.2 shows the RAF QRA configuration: four AMRAAM and four ASRAAM missiles, plus two 1,000 litres underwing tanks;

Here and in the other page, formation of nine Typhoons from no.3, XI and 29 Sqn arranged for the flypast over Buckingham Palace on occasion of Queen Elizabeth II's birthday, in June 2007.

programma addestrativo, il 1° aprile 2005 il n°17 (R) Squadron si trasferì sulla base madre di Coningsby, venendo poi ufficialmente riformato (su installazione militare) il 19 maggio. Il 1° luglio fu poi la volta del n°29 (R) Squadron a lasciare Warton per Coningsby, segnando così la fine del Case White.

Il primo squadron operativo a ricevere il nuovo caccia fu il n°3 (F) Squadron, il 31 marzo 2006; il gruppo fu poi riformato ufficialmente a Coningsby il 1° aprile. Nel dicembre 2006, sempre a Coningsby, fu ricostituito il n° XI Squadron, il primo destinato ad essere multiruolo, con capacità aria-aria, aria-superficie e ricognizione, grazie alla consegna, a partire dal 6 agosto 2007, dei primi velivoli Block 5 (designati FGR.4 per i monoposto, e T.3 per i biposto).

In alto e a sinistra, *Typhoon FGR.4 del n°XI Sqn ripresi durante l'esercitazione "Green Flag-West" nel Nevada, nel giugno 2008; in basso, un Typhoon F.2 del n° 17 (R) Sqn genera un eccezionale effetto di compressione dell'aria in alta umidità durante un passaggio a bassissima quota nel Machynlleth Loop, in Galles.* (Eurofighter)

Above and left, *Typhoons FGR.4 from no.XI Sqn taken during exercise "Green Flag-West", Nevada, June 2008; below, extraordinary shot of a no.17 (R) Sqn Typhoon F.2 generating a compression of humid air during a very low level passage through the Machynlleth Loop, Wales.*

its home base at Coningsby, being officially reformed (at the military installation) on May 19. On July 1 it was the turn of 29 (R) Squadron to leave Warton for Coningsby, thus ending Case White.

The first operational Squadron to receive the new fighter was 3 (F) Squadron, on March 31, 2006; the unit was officially reformed at Coningsby on the following day. In December 2006, again at Coningsby, XI Squadron was reconstituted, the first destined to conduct multi-role "swing" operations, with air-to-air, air-to-ground, and reconnaissance capability, thanks to the delivery, commencing August 6, 2007, of the first Block 5 aircraft (the single seats designated FGR.Mk.4 and the two seats T.Mk.3). The British Block 5 aircraft can

Dall'alto, *due Typhoon FGR.4 del n°XI Sqn armati con bombe LGB Paveway II da 1.000 libbre e pod per guida Laser Litening III durante la "Green Flag-West", Nevada, giugno 2008* (Eurofighter); *tre Typhoon T.1 del n° 17 e 29 Sqn in volo* (Crown Copyright); *un Typhoon T.1 del n°29 (R) Sqn ripreso in rullaggio a Coningsby, nel giugno 2006.* (R. Niccoli)

From above, *Two Typhoons FGR.4 from no.XI Sqn armed with Paveway II 1,000 lb LGBs and Litening III Laser designation pod taken during the "Green Flag-West", Nevada, June 2008; three Typhoons T.1 from no.17 and 29 sqn in flight; a Typhoon T.1 from no.29 (R) Sqn taxies at Coningsby, in June 2006.*

I Block 5 inglesi possono infatti sganciare bombe da 1.000 libbre a caduta libera e bombe a guida Laser Paveway II e Laser/GPS Enhanced Paveway II con la guida del pod Litening III, che viene utilizzato anche per ricognizione NTISR (Non-Traditional Intelligence Surveillance and Reconnaissance). Il Typhoon ha iniziato il servizio operativo il 29 giugno 2007, quando i primi due velivoli sono stati impegnati nel servizio QRA da Coningsby, e l'Eurofighter ha ricevuto la responsabilità della difesa aerea del settore sud della Gran Bretagna. La versione FGR.4 è stata dichiarata pienamente operativa nel giugno 2008, dopo le attività di bombardamento condotte dal mese di aprile dai velivoli del XI Squadron in Arizona, presso la Davis-Monthan AFB, durante l'esercitazione "Torpedo Focus" e in Nevada, presso la Nellis AFB, durante l'esercitazione "Green Flag-West". Il 1° luglio 2008 la RAF ha dichiarato il Typhoon ufficialmente multiruolo. Gli attuali piani della RAF prevedono la costituzione di un totale di nove squadron su Typhoon (compresi OCU e OEU), anche se da più parti si dà per certo che non saranno acquistati tutti i 232 esemplari in programma. I prossimi reparti di volo verranno attivati sulla base di Leuchars a partire dal 2010, poiché 24 velivoli Tranche 2 per la RAF sono stati destinati all'Arabia Saudita. ❑

Dall'alto, *due Typhoon T.1 in formazione stretta* (Crown Copyright); *un pilota del n°29 Sqn si prepara al volo* (R. Niccoli); *armieri ripresi durante l'aggancio di una bomba a guida laser Paveway II* (Eurofighter); *la linea di volo del n°29 (R) Sqn a Coningsby, giugno 2006.* (R. Niccoli)

From above, *two Typhoons T.1 in close formation; a pilot from no.29 (R) Sqn ready to taxi; two technicians load an aircraft with a Paveway II 1,000 LGB; the flight line of no.29 (R) Sqn at RAF Coningsby, in June 2006.*

Dall'alto, *un Typhoon T.1 ripreso in atterraggio a Coningsby* (R. Niccoli); *un Typhoon F.2 del n°XI Sqn intercetta un Tu-142 Bear-H russo nel nord Atlantico, agosto 2007* (RAF); *preparativi di volo per un Typhoon F.2 del n°29 Sqn a Coningsby, nel giugno 2006* (R. Niccoli); *operazioni di volo notturno a Coningsby, nel maggio 2008.* (Eurofighter)

From above, *a Typhoon T.1 lands at RAF Coningsby; a Typhoon F.2 from no.XI Sqn intercepts a Russian Tu-142 Bear-H over the North Atlantic, in August 2007; a Typhoon F.2 from no.29 Sqn is readied for a flight from RAF Coningsby, June 2006; night operations at RAF Coningsby in May 2008.*

in fact deploy 1,000 lb free-fall bombs, laser-guided Paveway II munitions, and Laser/GPS Enhanced Paveway II weapons using guidance from the Litening III pod, which can also be utilised for NTISR (Non-Traditional Intelligence Surveillance and Reconnaissance). The Typhoon commenced operational service on June 29, 2007 when the first two aircraft were assigned to the QRA service at Coningsby, the Eurofighter thus assuming responsibility for the air defence of the southern sector of the British Isles. The FGR.4 version was declared fully operational in June 2008, following bomb trials conducted in Arizona during the month of April by aircraft of XI Squadron at Davis-Monthan AFB during Exercise "Torpedo Focus", and in Nevada, at Nellis AFB, during Exercise "Green Flag-West". On July 1, 2008 the RAF officially declared the Typhoon a multi-role asset. Present RAF planning calls for the constitution of a total of nine Typhoon Squadrons (including the OCU and OEU), although there have been hints that not all the 232 aircraft initially planned will be purchased. The next units to fly the Typhoon will be activated at Leuchars beginning in 2010, as 24 aircraft from Tranche 2 destined to the RAF are diverted to Saudi Arabia. ❑

Luftwaffe

Il primo Typhoon per la Luftwaffe fu il velivolo GT001 (serial 98+31) che fu assegnato alla scuola tecnica TSLw.1 a Kaufbeuren nel febbraio 2003. Il primo utilizzato per compiti di volo fu invece il GT003 (30+03), che fu accettato il 4 agosto 2003 a Manching, dove rimase assieme ad altri dei primi velivoli per effettuare il Service Pilot Instruction Training. La Luftwaffe aveva in ordine 44 velivoli nella Tranche 1, 68 nella Tranche 2 e altri 68 nella Tranche 3. Tuttavia, le consegne per il primo cliente esterno al consorzio, l'Austria, sono state effettuate per buona parte con velivoli provenienti dalle quote per la Luftwaffe. Così i nuovi quantitativi per la Germania sono di 38 velivoli Tranche 1 (22 monoposto e 16 biposto), 80 velivoli Tranche 2 (70 monoposto e dieci biposto), e 68 velivoli Tranche 3 (61 monoposto e sette biposto), che aggiungono alla Tranche 2 sia le cinque macchine nuove cedute, sia le sei usate passate all'Austria dopo l'aggiornamento R2. Il primo reparto operativo a ricevere il nuovo caccia fu il JG.73 "Steinhoff", di base a Laage, che ricevette il primo velivolo il 30 aprile 2004. Il JG.73 si articola su due gruppi: il 732 Staffel, destinato a essere l'OCU per la Luftwaffe, fu il primo a ricevere i velivoli, mentre il 731 Staffel fu costituito il 17 gennaio 2008. Le attività addestrative furono trasferite da Manching a Laage nel dicembre 2004. Il secondo reparto a essere riequipaggiato è stato il JG.74 di Neuburg, che ha ricevuto i primi quattro aerei il 25 luglio 2006, continuando però le operazioni con l'F-4F Phantom sino al 12 giugno 2008, quando si è tenuta la cerimonia ufficiale di saluto al Phantom e di inizio delle capacità operative del Typhoon, con l'assegnazione del servizio di allarme QRA al nuovo velivolo. I primi allarmi in effetti, sono stati affidati agli EF.2000 sin dal mese di gennaio.

La composizione standard prevista per uno stormo operativo della Luft-

In alto, *una coppia di EF.2000 del JG.74 ripresa in volo sopra le nubi, nel novembre 2007 (Luftwaffe/Stefan Gygas); in basso, un Typhoon del JG.74 in rullaggio a Neuburg nel giugno 2007.* (R. Niccoli)

Above, two EF.2000 from JG.74 in flight over the clouds, in November 2007; below, a Typhoon from JG.74 taxies at Neuburg, in June 2007.

LUFTWAFFE

The first Typhoon for the Luftwaffe was aircraft GT001 (serial 98+31) which was assigned to the TSLw.1 technical school at Kaufbeuren in February 2003. The first to be utilised for flying operations was, however, GT003 (30+03), which was accepted at Manching on August 4, 2003, where it remained with the other early production aircraft to conduct Service Pilot Instruction Training. The Luftwaffe receives 44 aircraft from Tranche 1, 68 from Tranche 2 and another 68 under Tranche 3. Nevertheless, the deliveries to the first client outside the manufacturing consortium, Austria, were completed using in the main aircraft drawn from those initially manufactured for the Luftwaffe. Therefore, the new quantities for Germany are 38 Tranche 1 aircraft (22 single seats and 16 two seats), 80 aircraft from Tranche 2 (70 single seats and ten two seats), and 68 aircraft from Tranche 3 (61 single and seven two seats), which will add into Tranche 2 both the five new machines ceded to Austria and the six used aircraft passed to Austria following R2 upgrade. The first operational unit to receive the new fighter was JG.73 "Steinhoff", based at Laage, which accepted its first aircraft on April 30, 2004. JG.73 comprises two squadrons (Staffeln): 732 Staffel, destined to function as the Luftwaffe OCU, was the first to receive the aircraft, while 731 Staffel was created on January 17, 2008. Training activity was transferred from Manching to Laage in December 2004. The second unit to be re-equipped was JG.74 at Neuburg, which accepted its first four aircraft on July 25, 2006, continuing, however, to operate the F-4F Phantom in parallel until June 12, 2008, when the official Phantom retirement ceremony was held, marking at the same time the launch of the operational capacity of the Typhoon, with the assignment to the QRA alert service of the new fighter. The EF.2000 had, in fact,

Dall'alto, *un Typhoon di Neuburg in apertura per l'atterraggio* (R. Niccoli); *la cerimonia di consegna del primo Typhoon al JG.73 "Steinhoff" di Laage, il 30 aprile 2004; due EF.2000 del JG.73 all'atterraggio a Laage, nel settembre 2007.* (Eurofighter)

From above, *a Typhoon from Neuburg at the break before landing; the ceremony of delivery of the first EF.2000 to the JG.73 "Steinhoff" at Laage, on April 30, 2004; two Typhoons of JG.73 land at Laage, in September 2007.*

waffe è di 34 macchine, di cui cinque biposto, mentre il JG.73 disporrà di 21 monoposto e dodici biposto. Tuttavia, le consegne dei velivoli all'Austria hanno costretto la Luftwaffe a operare due stormi con circa 30 velivoli in totale sino all'inizio delle consegne Tranche 2. Se inizialmente la Luftwaffe impiega l'EF.2000 solo per compiti aria-aria, nel futuro – con i velivoli Tranche 2 – è previsto l'utilizzo del velivolo anche come multiruolo. Nel 2009 è prevista l'attivazione di un terzo stormo, lo JBG.31 "Boelcke", che abbandonerà il Tornado per divenire appunto un'unità multiruolo. Nel 2011 sarà poi la volta del JG.71 "Richtofen" da difesa aerea, e infine nel 2013 toccherà a un secondo stormo bombardieri, lo JBG.33, passare dal Tornado al Typhoon. Le consegne dovrebbero concludersi nel 2017. ❑

Dall'alto, *formazione di velivoli del JG.73 ripresi nell'agosto 2006* (Luftwaffe); *la cerimonia di consegna dei primi Typhoon al JG.74 di Neuburg, il 25 luglio 2006* (Luftwaffe); *vista dall'alto per questo EF.2000 del JG.74, ripreso nel giugno 2007.* (R. Niccoli)

From above, *Formation of JG.73 aircraft taken in August 2006; the ceremony of delivery of the first Typhoons to JG.74 at Neuburg, on July 25, 2006; a view from above for this EF.2000 of JG.74, in June 2007.*

been entrusted with its first scrambles since the month of January.

An operational Wing of the Luftwaffe will have a standard establishment of 34 aircraft, of which five will be two seats, although JG.73 will possess 21 single seats and twelve two seats. Nevertheless, the deliveries of the aircraft to Austria have forced the Luftwaffe to operate two Wings with around 30 aircraft in total since the beginning of Tranche 2 deliveries. If initially the Luftwaffe used its EF.2000 solely in the air-to-air role, in the future – with the Tranche 2 aircraft – it is intended to utilise the aircraft also as a multi-role platform. A third Wing is planned to be converted in 2009, JBG.31 "Boelcke", which will retire its Tornado to become multi-role Typhoon operator. In 2011 it will be the turn of JG.71 "Richtofen", an air defence unit, while finally in 2013 it will be the turn of a second attack unit, JBG.33, to convert from the Tornado onto the Typhoon. Deliveries to the Luftwaffe should be concluded by 2017. ❑

Dall'alto, *passaggio di tre Typhoon del JG.74 durante la cerimonia del 25 luglio 2006 a Neuburg* (Luftwaffe); *tre viste in decollo e atterraggio del velivolo 30+28 del JG.74 a Neuburg, nel giugno 2007* (R. Niccoli)

From above, *Flypast of three Typhoons from JG.74 during the ceremony of July 25, 2006, at Neuburg; three photos of take-off and landing of aircraft 30+28 at Neuburg, in June 2007.*

Primo piano sul muso di un EF.2000 del JG.74 (R. Niccoli)*; in basso, decollo in MAX REHEAT per questo C.16 dell'Ala 11 di Mòron durante il display al Royal International Air Tatoo nel luglio 2006* (Eurofighter)

Close-up on the nose of this EF.2000 from JG.74; below, MAX REHEAT take-off for this C.16 of Ala 11 during the air display at the RIAT, in July 2006.

Ejercito del Aire

Il primo Typhoon per l'aeronautica spagnola è stato il velivolo CE.16-01 (ST001), che fu dichiarato operativo il 4 settembre 2003 e introdotto in servizio il 9 ottobre, rimanendo di base a Getafe, presso gli stabilimenti della EADS-CASA, per lo svolgimento delle prime attività istruzionali a favore della forza armata. Il programma spagnolo prevedeva in origine l'acquisizione di 87 velivoli, suddivisi tra 19 macchine Tranche 1 (dodici monoposto designati C.16 e otto biposto CE.16), 33 Tranche 2 (27 C.16 e sei CE.16), e infine 34 Tranche 3 (33 C.16 e un CE.16). Un velivolo monoposto è stato però prelevato dalla linea

Dall'alto, *due Typhoon del JG.74 in volo* (Luftwaffe/Stefan Gygas); *un EF.2000 ripreso all'interno di uno shelter corazzato a Neuburg* (R. Niccoli); *la linea di volo dei Typhoon dell'Ala 11 a Mòron, nel maggio 2003.* (Ejercito del Aire)

From above, two Typhoons from JG.74 in flight; an EF.2000 taken inside its Hardened Shelter at Neuburg; the Ala 11 Typhoon flight line at Mòron, in May 2003.

EJERCITO DEL AIRE

The first Typhoon for the Spanish Air Force was CE.16-01 (ST001), declared operational on September 4, 2003, and introduced into service on October 9, albeit continuing to operate from Getafe, home of the EADS-CASA facility, for the conduct of the initial instructional activity for the service. The Spanish programme originally covered the purchase of 87 aircraft, subdivided between 19 Tranche 1 aircraft (twelve single seats designated C.16 and eight two seat CE.16), 33 Tranche 2 (27 C.16 and six CE.16), and finally 34 Tranche 3 (33 C.16 and one CE.16). One single seat aircraft was, however, taken from the production line and assigned to Austria, and so the EdA has received one fewer aircraft than the original batch planned under Tranche 1, and will receive one extra aircraft under Tranche 2.

The first base to accommodate operational Typhoons was that at Moròn de la Frontera, the home of Ala 11, and where on May 4, 2004 the first pair of two-seater aircraft were delivered, and assigned to Grupo11 for use with Escuadròn 113, the Spanish Typhoon OCU. Escuadròn 113 is not solely engaged in operational conversion, but also works on the development of new operational tactics, the contents of the flight manuals, the trialling of new equipment, and the development of new operational programmes. Between September and December 2006 it conducted live firing trials with the BK27 cannon and with the AIM-9L and AIM-120 missiles. On May 1, 2006, again at Moròn, the first operational squadron was activated, Escuadròn 111. The final aircraft from Tranche 1 was delivered on August 13, 2007. Between March 10 and 14, 2008

Dall'alto, *il CE.16-02, "11-71", in volo sopra Toledo* (Eurofighter); *un C.16 ripreso al parcheggio sotto i soft shelter di Mòron, nel maggio 2008* (R. Niccoli); *Sua Maestà Re Juan Carlos I alla cerimonia ufficiale di consegna dei primi due Typhoon spagnoli (CE.16-01, "11-70" e CE.16-02, "11-71"), tenuta a Getafe il 9 ottobre 2003.* (Eurofighter)

From above, *aircraft CE.16-02, code "11-71", in flight over Toledo; a C.16 taken at its parking under a soft shelter at Mòron, in May 2008; His Majesty King Juan Carlos I at the official ceremony of delivery of the first two Spanish Typhoons (CE.16-01, "11-70" and CE.16-02, "11-71") at Getafe, on October 9, 2003.*

di produzione per essere ceduto all'Austria, quindi l'EdA ha ricevuto una macchina in meno nella Tranche 1 e ne riceverà una in più nella Tranche 2.

La prima base operativa a ricevere l'EF.2000 è stata quella di Moròn de la Frontera, sede dell'Ala 11, dove il 4 maggio 2004 sono arrivati i primi due velivoli biposto, che sono stati presi in carico dal Grupo 11 per essere utilizzati dall'Escuadròn 113, l'OCU spagnolo per il velivolo. L'Escuadròn 113 non si occupa solo della conversione operativa, ma anche dello sviluppo di nuove tattiche d'impiego, della stesura dei manuali di volo, della sperimentazione di nuovi equipaggiamenti e dello sviluppo di nuovi programmi operativi. Dal settembre al dicembre 2006 ha condotto prove di fuoco con il cannone BK27 e con i missili AIM-9L e AIM-120. Il 1° maggio 2006 è stato invece attivato, sempre a Moròn, il primo squa-

Ala 11 hosted the first Typhoon Meet, an exercise in which the entire Eurofighter community (with representatives from six squadrons from four nations) were able to test their own operational techniques and tactics against groups of opposing aircraft (F/A-18, F-16, Mirage F.1 and Harrier) greater than three or four times their number.

The future of the Spanish Eurofighter fleet is well defined. At Moròn, probably in 2009, a third unit will be activated, Escuadròn 112, and the full establishment of Ala 11 will be 50 aircraft. From 2011 the re-equipment of Ala 14 at Albacete will commence, the unit having already begun to retire the first examples its Mirage F.1M. First to convert will be Escuadròn 141 and later, in 2013, Escuadròn 142. Deliveries are scheduled to end in 2016. In total Albacete will house 36 Eurofighter, given that the intended complement for each operational squadron is 18 aircraft. As noted, the Spanish EF.2000 will be used, like the F/A-18, as multi-role fighters, and in this light it is intended (probably by 2010) to integrate them with the Rafael Litening III Laser designation pod. ❑

Dall'alto, *il velivolo IPA4 (codice "11-91") in volo sul Mediterraneo; il primo volo del primo Typhoon spagnolo (ST001, CE.16-01) avvenne il 17 febbraio 2003* (Eurofighter); *un pilota e uno specialista del Grupo 11 di Mòron a colloquio.* (R. Niccoli)

From above, *Aircraft IPA4 (code "11-91") in flight over the Mediterranean; the first flight of the first Spanish Typhoon occurred on February 17, 2003; a pilot and a technician from Grupo 11 at Mòron.*

Dall'alto, *il velivolo "11-05" (C.16-25) ripreso in rullaggio a Mòron nel maggio 2008; il biposto "11-77" (CE.16-08) è stato l'ultimo velivolo Tranche 1 spagnolo e il primo biposto velivolo Block 5 consegnato a una forza aerea* (R. Niccoli)*; il velivolo IPA4 in atterraggio sulla base di Mòron; nella pagina a fianco, l'IPA4 in volo su Siviglia.* (Eurofighter)

From above, *Aircraft "11-05" (C.16-25) taken while taxiing at Mòron, in May 2008; two-seater "11-77" (CE.16-08) was the last Spanish Tranche 1 aircraft, and the first Block 5 trainer delivered to an air force; aircraft IPA4 landing at Mòron; the IPA4 in flight over Seville.*

dron operativo, l'Escuadròn 111. L'ultimo velivolo della Tranche 1 è stato consegnato il 13 agosto 2007. Dal 10 al 14 marzo 2008, l'Ala 11 ha ospitato il primo Typhoon Meet, esercitazione in cui l'intera comunità Eurofighter (con rappresentanze di sei squadron dei quattro paesi) ha potuto affinare le proprie tecniche e tattiche di impiego del velivolo contro avversari (F/A-18, F-16, Mirage F.1 e Harrier) superiori di tre o quattro volte in numero.

Il futuro della linea Eurofighter spagnola è ben definito. A Moròn sarà attivato, probabilmente nel 2009, un terzo reparto, l'Escuadròn 112, e la dotazione completa dell'Ala 11 sarà di 50 velivoli. A partire dal 2011 inizierà poi il riequipaggiamento dell'Ala 14 di Albacete, che ha già iniziato a ritirare i primi esemplari di Mirage F.1M. Prima sarà la volta dell'Escuadròn 141 e poi, dal 2013, dell'Escuadròn 142. La fine delle consegne è prevista per il 2016.

In totale Albacete ospiterà 36 Eurofighter, visto che la dotazione prevista per ogni squadron operativo è di 18 velivoli. Come accennato, gli EF.2000 spagnoli verranno impiegati, al pari degli F/A-18, come caccia multiruolo, e a questo scopo è prevista (probabilmente per il 2010) la loro integrazione con il pod di designazione Laser Rafael Litening III. ❑

TYPHOON MEET

From March 10 to 14, 2008, the Ala 11 at Mòron organised the "Typhoon Meet", first exercise dedicated to the units of the four nations partners in the Eurofighter programme. Mixed formations of EF.2000 (usually eight aircraft) operated against F-16, F/A-18, Mirage F.1 and Harrier adversaries (up to 36) in complex scenarios, achieving excellent results in terms of development, exchange and validation of the combat tactics. To the "Typhoon Meet" participated: no.3 and XI Sqn from the RAF, JG.73 from the Luftwaffe, IX and XII Gruppo from the AM, and Grupo 11 from the EdA.

Dal 10 al 14 marzo 2008 l'Ala 11 di Mòron ha organizzato il "Typhoon Meet", prima esercitazione dedicata ai reparti delle quattro forze aeree partner del programma Eurofighter. Formazioni miste di EF.2000 (generalmente otto velivoli) hanno potuto confrontarsi con velivoli F-16, F/A-18, Mirage F.1 e Harrier (sino a 36 velivoli) in scenari operativi complessi, raggiungendo ottimi risultati in termini di validazione, scambio e sviluppo delle tattiche di combattimento. Al "Typhoon Meet" hanno partecipato i n°3 e XI Sqn della RAF, il JG.73 della Luftwaffe, il IX e XII Gruppo dell'AM e il Grupo 11 dell'EdA.

Dall'alto, in senso orario, *foto di gruppo per i partecipanti del "Typhoon Meet"* (Eurofighter); *velivoli spagnoli, tedeschi e italiani in rullaggio* (R. Niccoli e 4° Stormo); *un FGR.4 del no.XI Sqn al parcheggio* (R. Niccoli); *due Typhoon della RAF in rullaggio* (R. Niccoli), *la prima formazione mista di Typhoon dei quattro paesi partner.* (Ejercito del Aire)

From above, clockwise, *the teams participant to the "Typhoon Meet"; Spanish, German and Italian aircraft while taxiing; an FGR.4 from no.XI Sqn at the parking; two RAF Typhoons taxi; the first mixed formation of Eurofighters from the four partner nations.*

Osterreichs Bundesheer

Il primo EF.2000 austriaco (AS001, matricola 7LWA) ha compiuto il primo volo a Manching (come 98+40) il 31 marzo 2007. È stato poi consegnato alle forze armate – Joint Force Command (Streitkraeftefuehrungskommando) il 12 luglio 2007 sulla base di Zeltweg, dove ha sede lo Ueberwachungsgeschwader (UbwGschw - stormo di sorveglianza). Sulla base vi sono gli Staffel 1 e 2 destinati a operare il nuovo caccia per la difesa aerea del paese. In precedenza, ritirati i Draken nel 2005, per circa quattro anni la difesa è stata affidata ai Saab J-105 e a dodici F-5E in leasing dalla Svizzera, che sono stati introdotti in servizio nel giugno 2004, e ritirati il 30 giugno 2008, quando gli EF.2000 consegnati erano sette. Dal 1° luglio 2008 la difesa aerea austriaca è ufficialmente affidata ai Typhoon. I velivoli austriaci sono tutti allo standard Block 5A, che è praticamente uguale al Block 5 tedesco ma con l'esclusione del software per l'impiego dei missili AIM-120 AMRAAM, che non sono stati acquisiti poiché per disposizioni governative i caccia austriaci sono obbligati all'identificazione visiva dei possibili bersagli. Nel settembre 2008 l'Austria aveva ricevuto tutte e nove le macchine di nuova produzione, ed era in attesa delle sei ex-Luftwaffe, con retrofit R2. Gli ultimi dei 15 velivoli in ordine vengono consegnati nel 2009. ❑

Dall'alto, *una coppia di EF.2000 in volo durante la difesa aerea dei Campionati europei di calcio, nel giugno 2008* (BMLV/Zinner); *l'arrivo a Zeltweg del primo velivolo austriaco, il 12 luglio 2007; il primo Typhoon per l'Austria effettua il roll-out dall'hangar di Manching, nel marzo 2007.* (Eurofighter)

From above, *two EF.2000 taken during the air defence of the European Football Championship, in June 2008; the arrival at Zeltweg of the first Austrian aircraft, on July 12, 2007; the first Austrian Typhoon at the roll-out at Manching, in March 2007.*

Osterreichs Bundesheer

The first Austrian EF.2000 (AS001, serial 7LWA) made its first flight from Manching (as 98+40) on March 31, 2007. It was later delivered to the service – Joint Force Command (Streitkraeftefuehrungskommando) – on July 12, 2007 at the Zeltweg base, home of the Ueberwachungsgeschwader (UbwGschw – surveillance wing). On the base are Staffel 1 and 2, which will operate the new fighter in the role of defending Austria's airspace. Previously, after the Draken were retired in 2005, for some four years air defence had been entrusted to the Saab J-105 and twelve F-5E leased from Switzerland, which were introduced into service in June 2004 and retired on June 30, 2008, by which time Typhoon deliveries amounted to seven. Austrian air defence was officially assigned to the Typhoon fleet from July 1, 2008. The Austrian aircraft are all Block 5A standard, in practice very similar to those of German Block 5 apart from the lack of the software utilised by the AIM-120 AMRAAM missiles, which were not acquired due to the rules of engagement established by the Austrian Government, which require the visual identification of all possible targets. By September 2008 Austria had received all nine of its new-build aircraft, and was awaiting the six former Luftwaffe aircraft following their R2 upgrade. The last of the 15 aircraft on order will be delivered during 2009. ❑

Dall'alto, *il velivolo 7LWH in acrobazia sulle montagne della Stiria, nel settembre 2008; un atterraggio sulla base di Zeltweg; primo piano del muso del velivolo 7LWH, pilotato dal Magg. Bernd "Shark" Piff.* (R. Niccoli)

From above, *Aircraft 7LWH during aerobatics over the Styrian mountains, in September 2008; a landing on the runway at Zeltweg airbase; close-up on the nose of 7LWH, piloted by Maj. Bernd "Shark" Piff.*

Dall'alto, *due viste del Typhoon 7LWH in volo sulle Alpi austriache, notare la configurazione d'atterraggio con aerofreno esteso; in basso, un velivolo si prepara al decollo sulla linea di volo di Zeltweg, nel settembre 2008.* (R. Niccoli) *Nella pagina a fianco, spettacolari viste in pianta di un Typhoon austriaco* (R. Niccoli)

From above, *two views of Typhoon 7LWH flying over the Austrian Alps, note the landing configuration with the airbrake open; below, an aircraft is readied for a mission, on the Zeltweg flight line, September 2008.*
In the other page, *two dynamic views of an Austrian Typhoon.*

1. STAFFEL

2. STAFFEL

Profili - Drawings

L'Eurofighter EF.2000 è un velivolo nato nell'epoca delle colorazioni tattiche a bassa visibilità, e persino i prototipi non portavano colorazioni particolarmente accattivanti od originali. Il Typhoon di serie è un velivolo dedicato innanzi tutto a compiti di difesa aerea, e quindi veste una livrea grigio chiaro, ottimale per la mimetizzazione visiva a media e alta quota. Tuttavia, le quattro forze aeree del programma non hanno optato per l'adozione di un'unica colorazione, ma hanno preferito impiegare i colori già in uso, che presentano differenze tra loro. Così, gli esemplari britannici sono in BS381C-626, i velivoli tedeschi e austriaci sono in FS.35237, quelli spagnoli in FS.26492 e quelli italiani in FS.36280. Codici e insegne sono quelli a bassa visibilità già standardizzati presso le rispettive forze aeree. Nel'ambito dell'Aeronautica Militare, gli F/TF-2000 portano codici e coccarde (30 cm di diametro) in fusoliera poco dietro il cockpit, con forme, dimensioni e colori già visti su altre macchine AM, come l'F-104. Le coccarde alari sono poste sulla semiala superiore sinistra e su quella inferiore destra. Il 4° Stormo porta lo stemma (di colore nero e azzurro chiaro) in coda e i codici di colore azzurro chiaro bordato di nero; il 12° Gruppo del 36° Stormo porta lo stemma di Gruppo sotto l'abitacolo, più il famoso lampo (a bordo nero) in coda, a cui è sovrapposto lo stemma di Stormo, i codici sono solo bordati di nero. I primi Typhoon assegnati al 4° Stormo, tutti biposto, furono codificati con numeri bassi essendo assegnati al 9° Gruppo; eccezione fu fatta per l'MM.55095 ("4-23") che ricevette i colori del 20° Gruppo per simboleggiare l'impegno di ambo i Gruppi nel programma. Successivamente, a partire da metà 2005, i velivoli iniziarono a ricevere codici che rispettavano la tradizione dello Stormo: da "4-1" a "4-22" per i monoposto, e da "4-23" in su per i biposto. I velivoli del 12° Gruppo mantengono le numerazioni già in uso, che vanno da "36-01" a "36-22". Curiosamente, gli Eurofighter italiani sono gli unici che portano la scritta "Typhoon" sul velivolo, posta in coda, sopra la matricola militare, in nero. Nonostante il programma comune, le quattro forze aeree utilizzano stencil di servizio spesso diversi tra loro.

The Eurofighter EF.2000 was born in the era of the tactical low level visibility camouflage, and even the prototypes did not wear any special and flamboyant livery. The series Typhoon is an aircraft above all dedicated to air defense tasks, and hence it was given a light grey overall finish, best suited to hide the aircraft at medium and high altitude. However, the original four Air Forces partner in the programme did not choice a common camouflage colour, but opted to maintain the standard finish already in use with their own fleets. The British aircraft are painted in BS381C-626, the German and Austrian in FS.35237, the Spanish in FS.26492 and the Italian in FS.36280. Markings are those typical for each Air Force. In the Italian Air Force, the F/TF-2000 wear codes and cockades (30 cm diameter) on the fuselage, just aft the cockpit, with the same style and dimensions already used on other aircraft, such as the F-104. The cockades on the wing are placed on the upper port and lower starboard positions. Aircraft of the 4° Stormo have the Wing badge on fin (in black and pale blue), and the codes in pale blue outlined black; the 12° Gruppo of 36° Stormo wears the Gruppo badge under the cockpit, plus a black outlined flash on fin, the codes are only black outlined. The first Typhoons assigned to the 4° Stormo, all twin-seaters, were given low number codes as they were assigned to the 9° Gruppo; only exception was MM.55095 ("4-23") which received the 20° Gruppo colours, in order to recognize the commitment to the program of both squadrons. Later, since mid-2005, the aircraft were coded according to the tradition of the Wing: from "4-1" to "4-22" for the single-seaters, and from "4-23" onwards for the twin-seaters. Aircraft of 12° Gruppo maintain the same codes as in the past, in the range from "36-01" to "36-22". Curiously, the Italian Eurofighter are the only to wear the name "Typhoon" on fin, above the military serial, in black. Also the stencils are quite different between the various Air Forces.

Colorazione AM – ItAF colours

Fusoliera e ala – *fuselage and wing*:	grigio – *grey* (FS.36280)
Radome, bordi d'attacco di ala e deriva – *radome, leading edges*:	grigio – *grey* (FS.36314)
Vani carrello e interni prese d'aria – *landing gear bay and air intakes*:	bianco semilucido – *semigloss white*
Gambe di forza carrello – *landing gear*:	bianco – *white* (FS.36495)
Scritte di servizio – *stencils*:	grigio scuro – *dark grey* (FS.26008)
Interni abitacolo – *cockpit*:	grigio – *grey* (FS.36231)

Caratteristiche / Specifications

Prestazioni/*Performance*:

Velocità massima / *Max speed*: Mach 2
Tangenza massima / *Service ceiling*: 16.765 m / 55,000 ft
Fattore di carico / *g limits*: +9/-3

Dimensioni/*Dimensions*:

Apertura alare / *Wing span*: 10,95m / 35ft11in
Lunghezza / *Lenght*: 15,96m / 52ft4in
Altezza / *Height*: 5,28m / 17ft4in
Superficie alare / *Wing area*: 50 mq / 538sq ft

Pesi/*Weights*:

A vuoto / *Empty*: 11.150 Kg / 24,582 lb
Massimo al decollo / *Max take-off*: 23.500 Kg / 51,809 lb

Massimo carburante interno / *Max internal fuel*: 4.500 Kg / 9,920 lb
Massimo carico esterno / *Max external load*: 7.500 Kg / 16,535 lb

Motori/*Engines*:

2xEurojet EJ200 Mk.101
Spinta massima RH / *Max thrust RH*: 89 kN (9.180 Kg) / 20,000 lb
Spinta massima military / *Max thrust dry*: 60 kN / 13,500 lb

Armamento/*Weapons*:

Un cannone Mauser-Werke BK27 da 27mm, fino a dieci missili aria-aria, sino a 7.500 Kg di carichi esterni.
One 27mm Mauser-Werke BK27 gun, up to ten air-to-air missiles, up to 16,535 lb of external loads.

MMX.602, prototipo DA3, Pratica di Mare, maggio 1998. Dotato di sonda anemometrica per test sul muso e pod per riprese video sulla sommità della deriva.
MMX.602, prototype DA3, Pratica di Mare, May 1998. Equipped with test probe on the radome and video recording pod on top of the fin.

MMX.603, prototipo DA7, Le Bourget, giugno 2003. Portato al salone aeronautico di Parigi e presentato in volo dal pilota collaudatore Marco Venanzetti, di Alenia Aeronautica.
MMX.603, prototype DA7, Le Bourget, June 2003. Presented at the Paris Air Show by test pilot Marco Venanzetti, from Alenia Aeronautica.

MMX.614, velivolo IPA2, Decimomannu, aprile 2007. Utilizzato per test del missile aria-aria MBDA Meteor.
MMX.614, IPA2 aircraft, Decimomannu, April 2007. Taken during test activity on the MBDA Meteor air-to-air missile.

MM.55095, codice "4-23", 4° Stormo, Grosseto, luglio 2004. TF-2000A Block 1B decorato con l'insegna del 20° gruppo OCU, posta sotto l'abitacolo.
MM.55095, code "4-23", 4° Stormo, Grosseto, July 2004. Block 1B TF-2000A wearing the badge of the 20° Gruppo OCU under the cockpit.

MM.7276, codice “36-01”, 12° Gruppo del 36° Stormo (ex- “4-3”), Gioia del Colle, ottobre 2007. Velivolo Block 2B equipaggiato con un serbatoio ventrale da 1.000 litri e due missili a guida IR AIM-2000 IRIS-T.
MM.7276, code “36-01”, 12° Gruppo of 36° Stormo, Gioia del Colle, October 2007 (formerly “4-3”). Block 2B Aircraft equipped with one 1,000 litres ventral fuel tank and two AIM-2000 IRIS-T IR-guided air-to-air missiles.

MM.7284, codice “4-21”, 4° Stormo, Grosseto, settembre 2007. Velivolo Block 5 configurato con due serbatoi subalari da 1.000 litri, quattro missili aria-aria a guida radar AIM-120C-5 AMRAAM in fusoliera e due missili aria-aria a guida IR AIM-2000 IRIS-T ai piloni subalari.
MM.7284, code “4-21”, 4° Stormo, Grosseto, September 2007. Block 5 aircraft equipped with two 1,000 litres underwing tanks, four radar-guided AIM-120C-5 AMRAAM air-to-air missiles at the fuselage stations, and two IR-guided AIM-2000 IRIS-T air-to air missiles at the wing pylons.

Close-up

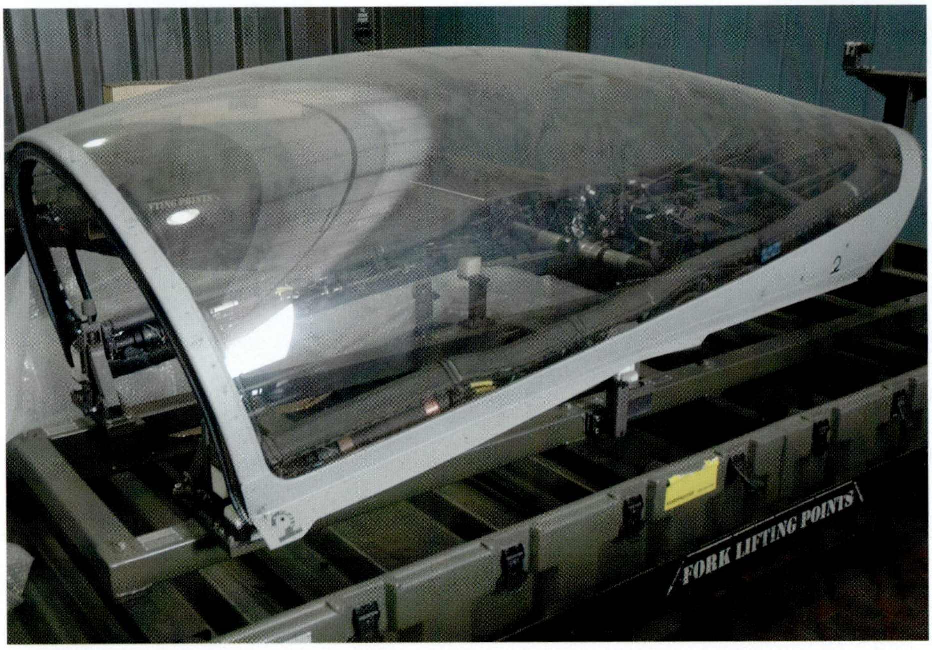

Dall'alto, *i terminali di scarico dei motori EJ200; codice e coccarda del TF-2000A MM.55130; il tettuccio di un F-2000A.* (R. Niccoli)

From above, *The exhausts of the EJ200 engines; code and cockade of TF-2000A MM.55130; the canopy of an F-2000A.*

Dall'alto, in senso orario, *particolare dei piani Canard e dei sensori dei dati all'aria; stemmi di36° e 4° Stormo e del XII Gruppo; la baia motore destro.* (R. Niccoli)

From above, clockwise, details of the Canard surface and of the air data sensors; badges of 36° and 4° Stormo, and of XII Gruppo; the starboard engine bay.

NO
STEP

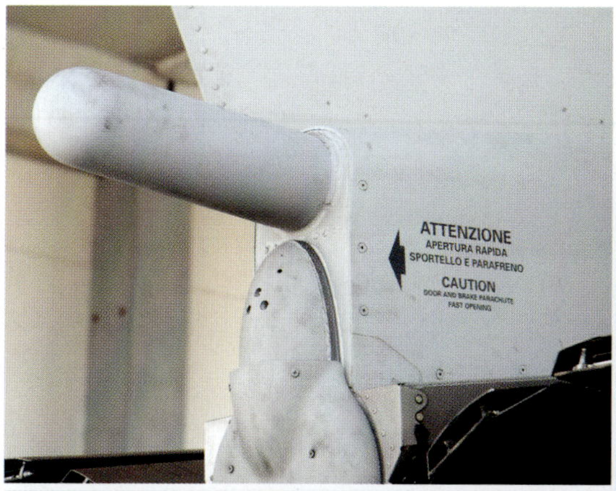

Dall'alto, *dettagli del seggiolino eiettabile; il sensore del Missile Approach Warning System e il portello del parafreno, il pod alare di destra, contenente sistemi ECM e i due ingannatori trainati; il pod alare di sinistra, che ospita sistemi ECM/ESM; il serbatoio ausiliario supersonico da 1.000 litri, che può essere montato (assieme al relativo travetto) anche in posizione subalare.* (R. Niccoli)
Nella pagina a fianco, *dettagli dell'abitacolo, del seggiolino eiettabile e della cloche.* (R. Niccoli)

From above, *details of the ejection seat; the Missile Approach Warning System sensor and the brake chute door; the starboard wing pod, housing ECM and towed decoys; the port wing pod, housing ECM/ESM equipments; the 1,000 liters supersonic auxiliary fuel tank, which can be fitted (together with its pylon) also to the wet wing stations.*
In the other page, *details of the cockpit, the ejection seat and the stick.*

Dall'alto, in senso orario, *Un lanciatore per missili con sistema per chaff; aperture del sistema di scambiatore di calore dei motori; gli attacchi di fusoliera per i missili AMRAAM e Meteor; i vani del carrello anteriore e di quello principale; le gambe di forza e i pneumatici del carrello anteriore e di quello principale; scritte di servizio sul lato destro della presa d'aria.* (R. Niccoli)

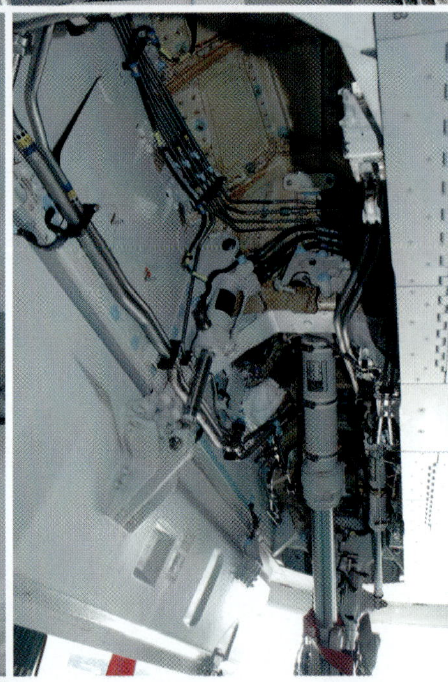

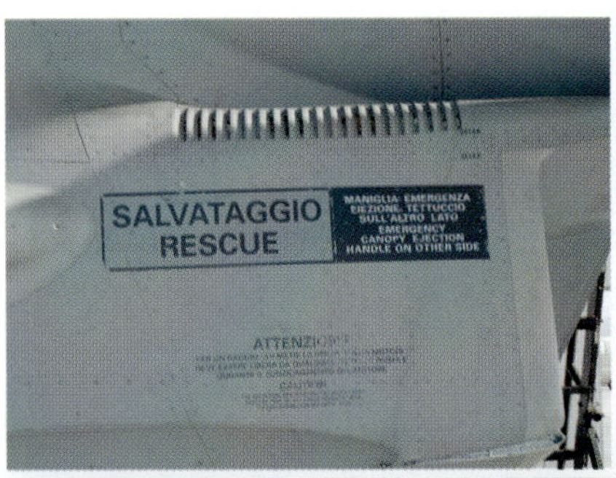

From above, clockwise, *A missile launcher with chaff dispenser; the openings of the engine bleed air heat exchanger; fuselage attachments for the AMRAAM and Meteor missiles; front and main landing gear bays; front and main landing gear structures and wheels; stencils on the air intake, starboard side.*

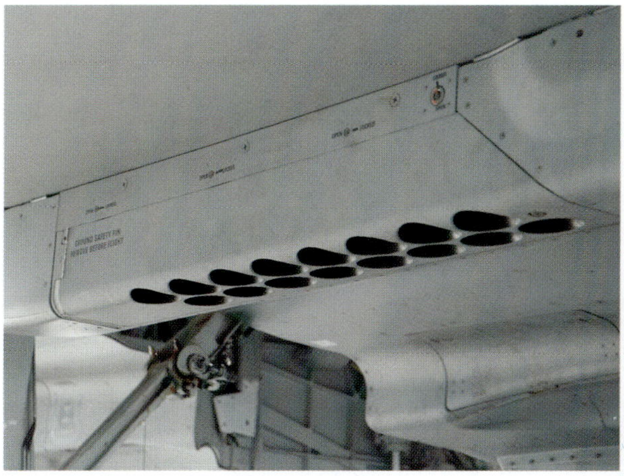

Dall'alto, in senso orario, *un lanciatore di flare subalare; il sensore del sistema PIRATE; connessione per il rifornimento di carburante; la volata del cannone Mauser BK27 prima e dopo lo sparo; la sonda estraibile per il rifornimento in volo.* (R.Niccoli)

From above, clockwise, *An underwing Flare dispenser; the PIRATE system sensor; fuel refuelling connection; the Mauser BK27 gun muzzle before and after firing; the in-flight refuelling probe.*

Eurofighter EF.2000 - produzione / production

	BAE S.	*EADS D.*	*Alenia A.*	*EADS-CASA*	*Royal Saudi*	*Totale / Total*
DA	2	2	2	1	-	7
Tranche 1	55-2	44+4	29-1	20-1	-	148
Tranche 2	89+2+24	68+11	46+1	33+1	48	323
Tranche 3	88	68	46	34	-	236
Totale / *Total*	**258**	**197**	**123**	**88**	**48**	**714**
Opzioni / *Options*	65	-	9	16	-	90

Eurofighter EF.2000
consegne alle forze aeree / delivery to the air forces

	Royal Air Force	*Luftwaffe*	*Aeronautica Militare*	*Ejercito del Aire*	*Osterreichs Bundesheer*	*Royal Saudi AF*
Tranche 1	52	33	28	19	15	-
Tranche 2	91	79	47	34	-	72
Tranche 3	88	68	46	34	-	-
Totale / *Total*	**231**	**180**	**121**	**87**	**15**	**72**

Note:
I velivoli per l'Austria sono dirottati dalla produzione Tranche 1 per gli altri paesi (5 nuovi dalla Germania, 2 dalla Gran Bretagna, 1 da Italia e Spagna); i restanti 6 velivoli Tranche 1 sono forniti usati dalla Luftwaffe dopo il retrofit R2. I quattro paesi ricevono in sostituzione 15 aerei nuovi nella Tranche 2, che comprende anche i 72 esemplari per l'Arabia Saudita, 24 sono assemblati dalla BAE Systems, e 48 in Arabia Saudita. Un velivolo MAFT (Major Airframe Fatigue Test) della Tranche 1 costruito dalla BAE System non è stato consegnato alla RAF.
Aircraft for Austria are diverted from the Tranche 1 production of the other countries (5 new from Germany, 2 from UK, 1 each from Italy and Spain); the remaining 6 are provided second-hand by the Luftwaffe, after a R2 retrofit. The four countries receive as replacement 15 new aircraft in Tranche 2, which includes also the 72 samples for Saudi Arabia, 24 assembled by BAE Systems, and 48 in Saudi Arabia. One Tranche 1 MAFT (Major Airframe Fatigue Test) *aircraft included in UK production, not delivered to the RAF.*

Matricole militari e (Numeri di costruzione)
Military serials and (construction numbers)

	DA	*IPA*	*Tranche di produzione* / **production Tranches**	
RAF	ZH588 ZH590 (DA2) (DA4)	ZJ699 ZJ700 ZJ938 (IPA1) (IPA5) (IPA6)	da ZJ800 (da BS001 per i monoposto da BT001 per i biposto)	*ZJ800 and on* *(single seat:BS001 and on* *two seat: BT001 and on)*
Luftwaffe	98+29 98+30 (DA1) (DA5)	98+03 98+07 (IPA3) (IPA7)	da 30+01 (da GS001 per i monoposto da GT001 per i biposto)	*30+01 and on* *(single seat: GS001 and on* *two seat: CT001 and on)*
Aeronautica Militare	MMX.602 MMX.603 (DA3) (DA7)	MMX.614 (IPA2)	MM.7235, da MM.7270 per i biposto: da MM.55092 (da IS001 per i monoposto da IT001 per i biposto)	*MM.7235, MM.7270 and on* *two seat: MM.55092 and on* *(single seat: IS001 and on* *two seat: IT001 and on)*
Ejercito del Aire	XCE.16-01 (DA6)	XC.16-02 (IPA4)	da C.16-21 da CE.16-01 a CE.16-08 (da SS001 per i monoposto da ST001 per i biposto)	*C.16-21 and on* *two seat: CE.16-01 to -08* *(single seat: SS001 and on* *two seat: ST001 to 008)*
Osterreichs Bundesheer	-	-	da 7LWA a 7LWR (da AS001 ad AS006 più c/n degli *altri paesi)*	*7LWA to 7LWR* *(AS001 to AS006, plus c/n* *of other countries)*